KOCHEN
KANN JEDER

mit Sarah Wiener

Meiner ältesten Freundin Gexi Tostmann
und meinem jüngsten Patensohn Mehdi
gewidmet, denn:

Kochen kann jeder

(lernen).

KOCHEN KANN JEDER

mit Sarah Wiener

Inhalt

Das sind meine Klassiker

KAPITEL 3

Hauptgerichte

KAPITEL 4

Desserts und Kuchen

Alle Rezepte sind – sofern nicht anders angegeben – für 4 Personen berechnet.

VORWORT

Jetzt ist Schluss mit Mikrowellengerichten und Tütensuppen, Mayonnaise aus der Tube und sonntäglichem »Take-away-Essen« aus Verzweiflung! Mein Buch »Kochen kann jeder« ist für alle geschrieben, die gerne kochen (lernen wollen) oder sich bisher (an bestimmte Rezepte) nicht wirklich herangetraut haben. Es ist für ganz junge Menschen gedacht, die zum ersten Mal am Herd stehen, aber auch für alle, die sagen »Jetzt bin ich schon zu alt, um kochen zu lernen«. Kurz: ein Kochbuch für Männer und Frauen, für Buben und Mädchen, für Freundinnen, für Alleinesser oder für ganze Familien, die sich endlich sagen »Jetzt legen wir einfach einmal los!«.

In der besten aller Welten kommen Gemüse und Obst aus der Region, sind aus der jeweiligen Saison und ungespritzt. Ich benutze unbehandelte Bio-Zitronen, Limetten und Apfelsinen – ich möchte ja schließlich die Schale abreiben und mitessen dürfen.
Unbehandeltes Salz und frisch gemahlene Pfefferkörner sind die Basis jeder guten Küche; frisch gemahlener Pfeffer hat noch alle Aromastoffe und hält sich länger. Dann gibt es natürlich noch meine individuellen Vorlieben, die sich auch in meinen Büchern widerspiegeln: Ich ziehe beispielsweise glatte Petersilie der gekräuselten vor. Ich koche gerne mit verschiedenen Ölen, nicht nur mit Olivenöl, sondern verwende auch Rapsöl und Arganöl. Bei Eiern benutze ich natürlich nur Bio-Eier. Ich habe sogar meine eigenen Rassehühner, sie machen die allerschönsten Eier der Welt. Alle Nutztiere, also auch Hühner, müssen für mich ein anständiges, artgemäßes Leben gehabt haben. Ich will das ganze Tierlein und möchte die Medikamente und Chemie einfach nicht mitessen. Deswegen esse ich Fleisch eher selten und wenn, dann nur die beste Qualität aus ökologischer Tierhaltung.

Ich verzichte auf Zucker und Honig in Salatsaucen und Gerichten, die nicht ausgesprochene Süßspeisen oder Kuchen sind. Zucker steckt ja auch sonst schon überall (fertig) in Industrieprodukten, wie etwa in Wurst, Käse, Saucen, Pizza und Suppen. Wir sind alle mittlerweile zuckerüberdosiert, da brauche ich nicht noch in meiner Privatküche den süchtig machenden Stoff.

Ich esse so naturbelassen wie möglich. Ich verwende weder Margarine noch künstliches Vanillin, keine fettreduzierten Lebensmittel oder Geschmacksverstärker in Form von Würzbrühe oder Saucenbinder. Ich koche so, wie schon immer gekocht wurde und es hoffentlich auch noch in 100 Jahren möglich sein wird.

Und noch etwas: Übung ist natürlich die beste Lehrmeisterin. Lassen Sie sich nicht entmutigen, wenn einmal etwas danebengeht! Das passiert jedem guten Koch und aus Fehlern lernt man schließlich auch. Vertrauen Sie sich selbst – dieses Kochbuch hilft Ihnen dabei.

Bestimmte Speisen werden natürlich je nach Region, ob in Österreich, in Deutschland, im Norden oder Süden, etwas unterschiedlich zubereitet. Meine Rezepte sind ein Einstieg. Ich variiere sie selbst, wann immer ich möchte. Machen Sie es doch auch so – und haben Sie Freude am Ausprobieren! Kochen macht Spaß! Und schließlich: Kochen kann jeder! Sie auch!

Viel Erfolg und Freude – und: Guten Appetit!

Ihre
Sarah Wiener

LOS GEHT'S MIT TRICKS UND TIPPS

GUTE GERÄTE

Eine der Grundvoraussetzungen überhaupt, damit das Kochen Spaß macht, sind gute Kochgeräte. Von einem schönen und haltbaren Gerät aus Emaille, Holz oder Edelstahl hat man nicht nur länger etwas, man kann es auch vererben. Ich habe einige schöne Sachen aus der Großelterngeneration in meiner Küche. Außerdem: Sie sind recycelbar.

MESSER MIT QUALITÄT

Auch extrem wichtig: ein gutes Küchenmesser. Denn stumpfes Gerät verdirbt unter Garantie die Kochfreude. Jede Köchin, jeder Koch braucht ein gutes Messer – es darf ruhig etwas kosten, weil es uns ein Leben lang begleiten wird. Gutes Handwerk braucht gute Handwerksgeräte.

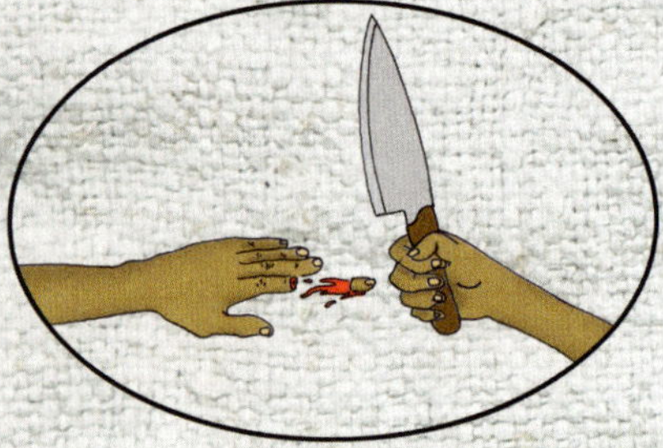

EINKAUFEN

Die Qualität der Lebensmittel, mit denen ich koche, ist für mich sehr wichtig. Fleischqualität zum Beispiel erkennt man daran, wie die Tiere gefüttert und gehalten werden. Das schmeckt man tatsächlich. Ich kaufe bei einem Metzger ein, dem ich vertraue. Ich frage nach, wo das Fleisch herkommt und wie die Tiere aufgewachsen sind. Ich kaufe auch nur Eier mit Bio-Qualität (der Stempel auf dem Ei beginnt hier mit einer »0«). Ich informiere mich, welche Fische und Meeresfrüchte akut vom Aussterben bedroht und welche regionalen Fische frisch auf dem Markt sind und berücksichtige das beim Einkaufen. Und generell gilt für mich: wann immer möglich, Produkte saisonaler und regionaler Herkunft verwenden.

ZUTATEN VORBEREITEN

Bevor man loslegt mit dem Kochen, immer erstmal das Rezept in Ruhe durchlesen. Danach alle Zutaten bereitstellen, abwiegen, putzen und zerkleinern wie im Rezept beschrieben. Supernützlich ist eine exakte Küchenwaage, damit die Mengen auch stimmen. Das ist vor allem beim Backen wichtig, denn sonst klappt das Rezept unter Umständen nicht.

GEMÜSE SÄUBERN

Die Vitamine stecken größtenteils in der Schale. Deshalb: Gemüse nur mit einer Wurzelbürste säubern. Bio-Gemüse kann man – wo immer möglich – auch gerne mal ungeschält verwenden oder grob abschaben.

FLEISCH VERARBEITEN

Das Küchenbrett, auf dem Fleisch oder Geflügel geschnitten wurde, niemals für andere Lebensmittel benutzen – das ist wichtig wegen der Hygiene! Fleisch und Geflügel immer gut durchgaren, es sei denn, man behält nichts übrig und isst alles sofort auf. Reste sollten sofort eingefroren werden und bei Bedarf im Kühlschrank (nicht im Raum) wieder auftauen. Nebenbei: Essig ist ein guter und natürlicher Küchenreiniger.

KOCHEN

Am besten mit dem anfangen, was am längsten braucht, wie etwa das Aufkochen von Wasser für Nudeln. Werden verschiedene Gemüsesorten verwendet, das Gemüse aller Sorten möglichst in etwa gleich große Stücke schneiden und alle sehr festen Gemüse wie Karotten zuerst in den Topf geben, dann nacheinander die anderen Gemüsesorten garen. Dann werden sie nämlich etwa zur gleichen Zeit gar und man verhindert, dass die kleinen vor den großen Stücken bereits zerkochen oder anbrennen. Und noch ein Tipp: Immer ein Geschirrhangerl für heiße Töpfe und Schüsseln bereitstellen – und bitte nie längere Zeit aus der Küche gehen und andere Sachen machen, während etwas auf dem Herd steht!

Suppen und Eintöpfe

Grundtechniken

Brühen & Suppen

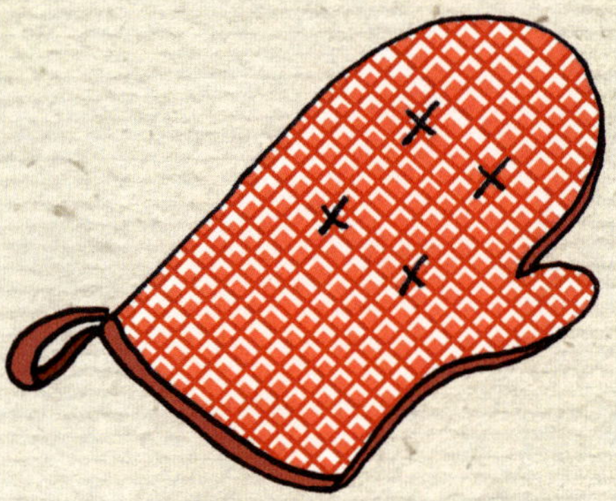

ABSCHÄUMEN

Beim ersten Aufkochen von Brühen und Fonds, vor allem bei solchen auf Basis von Knochen oder Fischgräten und -resten (S. 14), entsteht oft weißer Schaum aus freigesetzten Eiweißen und Schwebstoffen auf der Oberfläche, welche die Brühen und Fonds trüb machen. Da gibt's nur eines: immer wieder den Schaum abschöpfen, und zwar am besten mit einer Schaumkelle oder einem kleinen Sieb, bis sich kein Schaum mehr bildet.

GEMÜSEBRÜHE UND FONDS ZUBEREITEN

Für eine klassische Gemüsebrühe eignen sich viele verschiedene Gemüsesorten wie Knollen- und Stangensellerie, Zwiebeln, Karotten, Lauch sowie diverse Kräuter, allen voran glatte Petersilie. Grob geschnitten (Tipp: Von der Petersilie zunächst nur die Stängel verwenden, die gehackten Blättchen erst auf die fertige Suppe oder Brühe streuen) wandert alles mit Salz, schwarzen Pfefferkörnern und einem Lorbeerblatt in einen großen Topf, wird mit reichlich Wasser aufgegossen und etwa 30 Min. bei mittlerer Hitze gekocht. Dann den Sud durchsieben oder -passieren und schon ist er fertig! Um einen Fond zu erhalten, gießt man die Brühe durch ein sauberes Mulltuch und kocht sie nochmals stark ein. Mein Tipp: Ein Stück Eierschale (vom Bio-Ei) mit in die Brühe geben, das macht den Sud klarer.

FOND EINFRIEREN

Ein Fond, die Grundbrühe für jede gute Suppe oder Sauce, lässt sich auf Basis von Gräten, Knochen, Fleisch- oder Fischresten und mit Gemüse zubereiten. So einen Fond kann man sehr gut im Voraus herstellen und dann portionsweise einfrieren. Ganz praktisch: den Fond in Eiswürfelbehälter füllen und einfrieren, bei Bedarf wenige Würfel auftauen und als Suppen- oder Saucengrundlage verwenden.

BRÜHE PASSIEREN

Hierbei werden feste Bestandteile einer Brühe, einer Suppe oder eines Fonds durch ein Sieb oder ein Passiertuch (das kann ein einfaches sauberes Mulltuch sein) gestrichen, sodass die groben Stoffe übrig bleiben und entfernt werden können und nur die feinen Bestandteile in die Brühe geraten. Bei bereits gegartem Gemüse werden die weichen Zutaten mit einem Löffel durch ein feines Sieb in die Flüssigkeit gestrichen und so zu feinem Mus verarbeitet, wie es für eine Cremesuppe gebraucht wird. Mein Tipp: Leichter wird diese Arbeit durch den Einsatz einer »Flotten Lotte«, einem speziellen Küchenhelfer.

ABFETTEN

Besonders klar wird eine Brühe oder ein Fond, wenn man abfettet. Dazu die fertige Brühe abkühlen lassen, dann sammelt sich das fest gewordene Fett an der Oberfläche und man kann es mit einer flachen Schaumkelle von der Suppe abheben. Das Abfetten funktioniert aber auch, wenn die Suppe noch lauwarm ist. Dann einfach das Fett mit einem saugfähigen Stück Küchenpapier von der Oberfläche abziehen. Wer öfter Fonds selbst macht, kann sich auch eine spezielle Fettkanne, die Fett von Brühe trennt, anschaffen.

SUPPEN BINDEN

Vor allem Cremesuppen brauchen ein Bindemittel, damit sie schön samtig werden. Das erreicht man am einfachsten mit wenig in kaltem Wasser angerührter Speisestärke, die man unter die Suppe mischt. Eine schöne Konsistenz erhalten Cremesuppen bereits, wenn man das weich gekochte Gemüse mit dem Stabmixer püriert und die Suppe dann mit etwas flüssigem Obers (Sahne) oder Crème fraîche oder Schmand verfeinert (S. 23, 29 und 31).

Grundrezepte

Gemüsebrühe

1 Bund Suppengrün (Karotte, Lauch, Sellerie, Petersilienwurzel, glatte Petersilie)
1 Fenchelknolle
1 Paradeiser
1 Lorbeerblatt
1 TL Pfefferkörner
unbehandeltes Salz

Suppengrün, Fenchel und Paradeiser putzen, waschen und grob zerkleinern. Das Gemüse mit Lorbeerblatt, Pfefferkörnern und Salz in einen großen Topf mit 2,5 l kaltem Wasser geben und aufkochen. Alles bei schwacher Hitze etwa 30 Min. kochen. Dann die Brühe durch ein sauberes Mulltuch passieren (S. 13) und nach Belieben weiterverwenden.
Das Rezept ergibt etwa 2 l Gemüsebrühe. Die Brühe lässt sich gut einfrieren und kann mit Einlagen (S. 24) serviert werden.
Tipp: Für eine Hühnerbrühe 1 Suppenhuhn (1,2–1,5 kg) mit in den Topf geben und alles etwa 2 Std. kochen.

Rinderbrühe

1,5 kg Rindfleisch zum Kochen (z. B. Tafelspitz, Brust, Rippen)
Rinderknochen nach Belieben
unbehandeltes Salz
1 Bund Suppengrün (Karotte, Lauch, Sellerie, Petersilienwurzel, glatte Petersilie), 1 Lorbeerblatt
1 TL Pfefferkörner

Das Fleisch und die gewaschenen Knochen in 2,5 l kochendem Salzwasser etwa 5 Min. sprudelnd kochen. Die Hitze herunterschalten und die Brühe etwa 2 Std. kochen, bis das Fleisch gar ist. Dabei häufig abschäumen (S. 12). Gegebenenfalls Wasser nachgießen, damit das Fleisch davon stets knapp bedeckt ist.
Das Suppengrün putzen, waschen, grob zerkleinern und etwa 30 Min. vor Garzeitende mit Lorbeer und Pfeffer zur Brühe geben. Das Fleisch herausnehmen und die Brühe durch ein sauberes Mulltuch passieren (S. 13). Ergibt etwa 2 l Rinderbrühe, diese nach Belieben einfrieren oder mit Einlagen (S. 19) servieren.

Fischbrühe

1,5 kg Fischkarkassen, -gräten und -abschnitte
1 Bund Suppengrün ohne Karotte (Lauch, Sellerie, Petersilienwurzel, glatte Petersilie)
1 Fenchelknolle
1 Lorbeerblatt
1 TL Pfefferkörner
unbehandeltes Salz

Die Fischstücke waschen, grob zerkleinern und in ausreichend kaltem Wasser etwa 1 Std. einlegen (wässern). Dabei das Wasser häufig wechseln. Das Suppengrün und den Fenchel putzen, waschen und ebenfalls grob zerkleinern.
Den Fisch mit Gemüse, Gewürzen und Salz in einen großen Topf mit 2,5 l kaltem Wasser geben, aufkochen und etwa 5 Min. sprudelnd kochen. Dann die Hitze herunterschalten und die Brühe etwa 40 Min. kochen, dabei häufig abschäumen. Die fertige Brühe durch ein sauberes Mulltuch passieren (S. 13).
Das Rezept ergibt etwa 2 l Fischbrühe. Die Brühe nach Belieben weiterverwenden (S. 23) oder einfrieren.

Klare Gemüsesuppen kochen

ERBSENSUPPE MIT SPECK

1 kg frische Erbsenschoten
1 kleine Stange Lauch
1 Petersilienwurzel
1 Karotte
100 g durchwachsener Räucherspeck
1 EL Butterschmalz
1 Zwiebel, in Würfeln
1 l frisch gekochte Gemüsebrühe (S. 14)
1 Lorbeerblatt
unbehandeltes Salz, Pfeffer aus der Mühle
Muskatnuss
2 EL gehackte glatte Petersilie

Für 4 Personen
Zubereitungszeit: 40 Min.

1. Die Erbsenschoten der Länge nach aufbrechen und die Erbsen herauslösen. Den Lauch putzen, waschen und klein schneiden. Die Petersilienwurzel und die Karotte schälen und würfeln.

2. Vom Speck die Schwarte und die Knorpel entfernen und beiseitestellen. Den Speck in kleine Würfel schneiden.

3. In einem Topf das Butterschmalz erhitzen und Zwiebel, Speckwürfel, Schwarte und Knorpel darin anbraten. Das Gemüse ohne die Erbsen dazugeben und kurz mitbraten. Mit Brühe aufgießen, das Lorbeerblatt hineingeben und die Suppe etwa 10 Min. kochen lassen.

4. Dann die Erbsen in die Suppe geben und alles nochmals etwa 5 Min. kochen, bis die Erbsen gar, aber noch knackig sind. Mit Salz, Pfeffer und 1 Prise Muskat abschmecken. Zum Servieren Schwarte und Knorpel entfernen und die Suppe mit der gehackten Petersilie bestreuen.

+ VARIANTE STECKRÜBENSUPPE

1 Zwiebel schälen und würfeln. **1 Steckrübe (etwa 500 g)** schälen, **300 g Erdäpfel** waschen und schälen. **1 Bund Suppengrün** putzen und waschen. Das vorbereitete Gemüse in etwa 1 cm dicke Stifte schneiden. Die Zwiebel in **2 EL Butterschmalz** anbraten, das Gemüse dazugeben, kurz mitbraten und mit **1 l Gemüsebrühe** (S. 14) aufgießen. Die Suppe etwa 15 Min. kochen lassen, bis das Gemüse gar, aber noch bissfest ist. Mit unbehandeltem **Salz, Pfeffer** aus der Mühle und **1 Prise Muskatnuss** abschmecken und mit **2 EL gehackter glatter Petersilie** bestreut servieren.

RINDERBRÜHE MIT BACKERBSEN

Für die Suppe:

1 l frisch gekochte Rinderbrühe mit 350 g Rindfleisch (z. B. Tafelspitz, Brust, Rippen) (S. 14)
2 EL Schnittlauchröllchen

Für die Backerbsen:

30 g Sauerrahmbutter
unbehandeltes Salz
120 g Mehl
3 Eier
Sonnenblumenöl zum Frittieren

Für 4 Personen
Zubereitungszeit: 40 Min.

1. Für die Suppe das gekochte Rindfleisch aus der Brühe nehmen, vom Fett befreien und in etwa 1 cm große Würfel schneiden.

2. Für die Backerbsen 125 ml Wasser mit der Butter und wenig Salz in einem kleinen Topf aufkochen. Sobald das Wasser kocht, das Mehl auf einmal dazugeben. Zuerst mit einem Schneebesen gut verrühren, dann mit einem Kochlöffel so lange weiterrühren, bis ein zäher Teigkloß entstanden ist. Den Teigkloß etwa 3 Min. abbrennen, bis der Brandteig am Topfboden einen Film hinterlässt. Den Topf vom Herd nehmen und den Teig etwas abkühlen lassen. In eine Schüssel geben und die Eier nacheinander unterrühren, bis der Brandteig sehr weich und klebrig ist.

3. Ausreichend Öl in einem großen Topf zum Frittieren erhitzen. Den Teig in ein Sieb mit großen Löchern oder einen Spätzlehobel füllen. Portionsweise erbsengroße Kugeln in das heiße Öl tropfen lassen und darin in etwa 3 Min. goldbraun frittieren. Auf Küchenpapier abtropfen lassen. Zum Servieren die Fleischwürfel in der Brühe erhitzen und mit Schnittlauch bestreuen. Die Backerbsen separat dazu reichen, so bleiben sie schön knusprig und weichen nicht durch.

+ VARIANTE MARINIERTER TAFELSPITZ

Aus dem übrigen Rindfleisch von der Brühe (S. 14) ist schnell eine Vorspeise zubereitet. Dazu etwa **400 g gekochtes Rindfleisch,** am besten Tafelspitz, dünn aufschneiden und auf einer Platte anrichten. Unbehandeltes **Salz, Pfeffer** aus der Mühle, **2 EL weißen Balsamico-Essig** und je **2 EL Raps- und Kürbiskernöl** verrühren und über das Fleisch träufeln. Darüber **5 Radieschen** in Scheiben, das Grün grob gehackt, **1 Beet Kresse** und **2 EL frisch geriebenen Kren** verteilen. Dazu passt Brot.

Suppeneinlagen herstellen

HÜHNERSUPPE MIT REIBENUDELN

Für die Reibenudeln:

120 g Mehl
unbehandeltes Salz
1 Ei

Für die Suppe:

1 l frisch gekochte Hühnerbrühe mit Suppenhuhn (S. 14)
1 kleine Stange Lauch
1 Petersilienwurzel
1 Karotte
2 EL gehackte glatte Petersilie

Für 4 Personen
Zubereitungszeit: 25 Min. + 50 Min. Ruhen

1. Für die Nudeln das Mehl mit wenig Salz, Ei und 2–4 EL kaltem Wasser zu einem sehr festen Teig kneten. Den Teig in Frischhaltefolie wickeln und im Kühlschrank 30 Min. ruhen lassen. Danach mit der Gemüsereibe reiben und die Reibenudeln auf einem Brett etwa 20 Min. antrocknen lassen.

2. Inzwischen das gekochte Suppenhuhn enthäuten, das Fleisch auslösen und in mundgerechte Stücke schneiden. Den Lauch putzen, waschen und in Ringe schneiden. Petersilienwurzel und Karotte schälen und würfeln. Das Gemüse in der Brühe in 10–12 Min. bissfest garen. Die Nudeln in Salzwasser etwa 2 Min. kochen, abtropfen lassen und mit dem Fleisch zum Gemüse in die Suppe geben. Die Suppe mit Petersilie bestreut servieren (im Bild oben).

SUPPE MIT PISTAZIENNOCKERL

Für die Nockerl:

200 g Brustfleisch vom Suppenhuhn
unbehandeltes Salz
200 g Obers (Sahne), gut gekühlt
Pfeffer aus der Mühle
1 TL abgeriebene Bio-Zitronenschale
3 EL gehackte Pistazien

Für die Suppe:

1/2 kleine Stange Lauch
1/2 Zucchini
1 Karotte
unbehandeltes Salz
1 l frisch gekochte Hühnerbrühe (S. 14)

Für 4 Personen
Zubereitungszeit: 35 Min. + 1 Std. Tiefkühlen

1. Für die Nockerl das Brustfleisch in Würfel schneiden und im Tiefkühlfach etwa 1 Std. anfrieren lassen. Inzwischen für die Suppe den Lauch und den Zucchino putzen und waschen, die Karotte schälen und alles in sehr feine Streifen schneiden. In Salzwasser in 2–3 Min. bissfest blanchieren, abgießen und für eine schöne Farbe eiskalt abschrecken.

2. Das angefrorene Fleisch mit Salz in der Küchenmaschine grob zerkleinern. Den Obers langsam zugießen und alles zu einer feinen Fleischmasse mixen. Mit Pfeffer und Zitronenschale würzen, die Pistazien unterrühren. Die Brühe aufkochen, von der Fleischmasse mit einem Teelöffel Nockerl abstechen und in der Brühe bei schwacher Hitze etwa 10 Min. gar ziehen lassen. Zum Servieren das Gemüse in der Brühe erwärmen und die Nockerl einlegen (im Bild unten).

CREMESUPPE VOM SAIBLING

Für die Suppe:

1 kleine Stange Lauch
2 Stangen Sellerie
1 EL Butterschmalz
1 Zwiebel, in Würfeln
150 ml Weißwein
800 ml frisch gekochte Fischbrühe (S. 14)
1 Lorbeerblatt
unbehandeltes Salz, Pfeffer aus der Mühle
200 g Crème fraîche

Für die Einlage:

1 kleine Stange Lauch
2 Stangen Sellerie
1 Karotte
unbehandeltes Salz
2 Saiblingsfilets (je etwa 150 g; küchenfertig)
2 EL gehackter Dill

Für 4 Personen
Zubereitungszeit: 40 Min.

1. Für die Suppe Lauch und Sellerie putzen, waschen und in grobe Würfel schneiden. Das Schmalz in einem Topf erhitzen. Die Zwiebel darin glasig dünsten, das Gemüse dazugeben und etwa 5 Min. mitbraten. Mit dem Wein ablöschen und diesen vollständig einkochen lassen, danach mit der Brühe aufgießen. Das Lorbeerblatt hinzufügen, die Suppe aufkochen und bei schwacher Hitze etwa 15 Min. köcheln lassen.

2. Sobald das Gemüse weich ist, das Lorbeerblatt entfernen und die Suppe mit dem Stabmixer pürieren. Alles nochmals aufkochen, mit Salz und Pfeffer abschmecken und die Crème fraîche unterrühren.

3. Inzwischen für die Einlage den Lauch und den Sellerie putzen und waschen, die Karotte schälen. Das Gemüse in sehr kleine Würfel schneiden und in Salzwasser in etwa 3 Min. bissfest blanchieren. Anschließend abgießen und für eine schöne Farbe eiskalt abschrecken.

4. Die Saiblingsfilets waschen und mit Küchenpapier trocken tupfen. In mundgerechte Stücke schneiden und etwa 5 Min. in der heißen Suppe gar ziehen lassen. Zum Servieren die Gemüsewürfel in die Rahmsuppe geben und den Dill darüberstreuen.

+ VARIANTE LACHSRAHMSUPPE

800 ml Fischbrühe aus Lachskarkassen (S. 14) zubereiten, abgießen und **350 g Erdäpfelwürfel** darin gar kochen, aber nicht pürieren. **200 g Obers** (Sahne) unterrühren und die Suppe mit unbehandeltem **Salz, Pfeffer** aus der Mühle und **1 Prise gemahlenem Piment** abschmecken. **350 g Lachsfilet** waschen, trocken tupfen, in Würfel schneiden und etwa 5 Min. in der Suppe gar ziehen lassen. Zum Servieren mit **2 EL gehacktem Dill** bestreuen.

Grundrezepte

Kräuterfrittaten

200 g Weizenmehl (Type 550)
unbehandeltes Salz, Pfeffer aus der Mühle, Muskatnuss
300 ml Milch, 2 Eier
2 EL gehackte glatte Petersilie
2 EL Schnittlauchröllchen
2 EL Kerbelblättchen
Butterschmalz zum Braten

Das Mehl mit Salz, Pfeffer und 1 Prise Muskat in einer Schüssel mischen und mit der Milch und den Eiern mit einem Schneebesen verrühren. Petersilie, Schnittlauch und Kerbel hinzufügen. (Für Käse-Schinken-Frittaten noch je 2 EL fein gewürfelten, gekochten Schinken und 2 EL geriebenen Parmesan zum Teig dazugeben.)
Etwas Schmalz in einer Pfanne erhitzen und aus dem Teig portionsweise dünne Frittaten backen. Zum Servieren die Frittaten aufrollen, in schmale Streifen schneiden (im Bild) und in einem Suppenteller mit heißer Brühe übergießen.

Pilzstrudel

500 g Champignons
1 Zwiebel, in Würfeln
1 EL Butterschmalz
1 EL Paradeisersauce
unbehandeltes Salz
Pfeffer aus der Mühle
1 Ei, 1 EL Semmelbrösel
1 Rezept Kräuterfrittaten (siehe oben)

Die Pilze putzen und klein hacken. Zwiebel im heißen Schmalz glasig dünsten und die Pilze etwa 10 Min. mitbraten. Die Paradeisersauce (S. 154) hinzufügen, alles salzen, pfeffern und etwas abkühlen lassen. Dann das Ei und die Semmelbrösel untermischen. Die Frittaten mit der Pilzmasse bestreichen und aufrollen.
Die Frittatenrollen zuerst in Frischhalte-, dann in Alufolie straff einwickeln und die Enden zusammendrehen. In reichlich kochendem Wasser bei schwacher Hitze etwa 20 Min. gar ziehen lassen. Zum Servieren den Strudel in dünne Scheiben schneiden und mit heißer Brühe übergießen (ohne Abbildung).

Topfennockerl

2 EL weiche Sauerrahmbutter
1–2 Eidotter
3 EL Semmelbrösel
250 g Magertopfen
unbehandeltes Salz
Pfeffer aus der Mühle
Muskatnuss

Die Butter schaumig rühren und 1 Eidotter unterrühren. Mit Semmelbröseln und Topfen mischen und mit Salz, Pfeffer und 1 Prise Muskat würzen.
Ausreichend Salzwasser in einem Topf aufkochen lassen. Vom Nockerlteig mit einem Teelöffel zuerst ein Probenockerl abstechen und etwa 10 Min. bei schwacher Hitze im Salzwasser gar ziehen lassen. Falls es zu fest ist, noch 1 Eidotter dazugeben, falls es zu locker ist, mehr Semmelbrösel hinzufügen.
Dann den restlichen Teig zu Nockerln kochen und diese in einer heißen Brühe servieren (ohne Abbildung).

Dunkle Brühe zubereiten

OCHSENSCHWANZSUPPE

2 Zwiebeln
1/2 Bund Thymian
4 Stücke Ochsenschwanz (etwa 800 g)
unbehandeltes Salz, Pfeffer aus der Mühle
1 Karotte, in groben Würfeln
1/4 Sellerieknolle, in groben Würfeln
4 EL Paradeisersauce (S. 154)
150 ml Portwein
1 l frisch gekochte Rinderbrühe (S. 14)
1 Lorbeerblatt
je 1 kleine Stange Lauch, Petersilienwurzel und Karotte für die Einlage
Olivenöl zum Braten

Für 4 Personen
Zubereitungszeit: 50 Min. + 2,5 Std. Garen

1. Die Zwiebeln schälen und grob würfeln. Thymian waschen und trocken schütteln. Ochsenschwanz waschen, trocken tupfen und mit Salz und Pfeffer würzen. Den Ochsenschwanz in heißem Öl rundum scharf anbraten, herausnehmen und beiseitestellen. Das Gemüse ebenfalls scharf anbraten, die Paradeisersauce dazugeben und kurz andünsten. Alles mit Portwein ablöschen und Brühe und Lorbeer dazugeben.

2. Die Suppe aufkochen und das Fleisch darin bei schwacher Hitze etwa 2,5 Std. schmoren, dabei ab und zu umrühren und etwas Wasser nachgießen, damit genügend Flüssigkeit vorhanden ist. Nach Ende der Garzeit mit einem Holzspieß in das Fleisch stechen. Ist kein Widerstand mehr spürbar, ist es gar. Falls nicht, das Fleisch noch 15 Min. schmoren und die Garprobe wiederholen.

3. Inzwischen für die Einlage Lauch putzen, waschen und in Ringe schneiden. Petersilienwurzel und Karotte schälen und in Streifen schneiden. Das Gemüse in Salzwasser in 3–4 Min. bissfest garen, abgießen und warm halten.

4. Das Fleisch aus dem Topf nehmen, die Suppe durch ein feines Sieb gießen und aufkochen. Das Fleisch von den Knochen lösen, in Würfel schneiden und zum Servieren in die Suppe geben. Mit den Gemüsestreifen anrichten.

Tipp

Andere dunkle Brühen wie die von Kalb, Ente, Lamm oder Wild werden ähnlich hergestellt: Je 1 kg Knochen und Fleischabschnitte klein schneiden und mit Zwiebeln, Karotten, Sellerie, Lorbeerblatt und Pfefferkörnern andünsten, Kräuter dazugeben und mit Rot- oder Weißwein ablöschen. Die dunkle Brühe wie oben beschrieben zubereiten.

SÜSSKARTOFFELSUPPE

3 Süßkartoffeln (etwa 750 g)
1 Karotte
1 kleine Stange Lauch
2 Stangen Sellerie
2 EL Sonnenblumenöl
1 Zwiebel, in groben Würfeln
800 ml frisch gekochte Gemüsebrühe (S. 14)
unbehandeltes Salz, Pfeffer aus der Mühle
Muskatnuss
200 g Obers (Sahne)
1 EL heller Sesam
1 EL schwarzer Sesam
100 g Babyspinat

Für 4 Personen
Zubereitungszeit: 40 Min.

1. Süßkartoffeln und Karotte schälen. Lauch und Sellerie putzen und waschen. Das Gemüse in grobe Würfel schneiden.

2. Das Öl in einem Topf erhitzen. Die Zwiebel darin glasig dünsten, das Gemüse dazugeben und etwa 5 Min. mitdünsten. Mit der Brühe aufgießen, die Suppe aufkochen und bei schwacher Hitze etwa 15 Min. köcheln lassen. Sobald das Gemüse weich ist, die Suppe vom Herd nehmen und mit dem Stabmixer pürieren. Dann nochmals aufkochen, mit Salz, Pfeffer und 1 Prise Muskat abschmecken und mit dem Obers verfeinern.

3. Beide Sesamsorten in einer Pfanne ohne Fett leicht rösten. Den Spinat waschen und trocken schütteln. Zum Servieren den gerösteten Sesam und den Spinat jeweils über die Süßkartoffelsuppe streuen (im Bild).

KÜRBISSUPPE MIT ZIEGENKÄSE

1 Hokkaido-Kürbis (etwa 750 g)
4 Rosmarinzweige
unbehandeltes Salz, Pfeffer aus der Mühle
4 EL Olivenöl
1 kleine Stange Lauch
2 Stangen Sellerie
1 Karotte
1 Zwiebel, in groben Würfeln
800 ml frisch gekochte Gemüsebrühe (S. 14)
Muskatnuss
150 g Ziegenfrischkäse

Für 4 Personen
Zubereitungszeit: 45 Min.

1. Den Backofen auf 220 °C vorheizen. Den Kürbis waschen, von den Kernen befreien und grob zerkleinern. Rosmarin waschen, trocken schütteln und mit dem Kürbis auf einem Backblech verteilen. Salzen und pfeffern, mit 3 EL Öl beträufeln und im heißen Ofen etwa 20 Min. backen.

2. Inzwischen Lauch und Sellerie putzen und waschen, Karotte schälen und alles grob würfeln. Die Zwiebel in 1 EL Öl glasig dünsten, das Gemüse dazugeben und etwa 5 Min. mitdünsten. Mit Brühe aufgießen und die gebackenen Kürbisstücke dazugeben. Die Suppe aufkochen und bei schwacher Hitze etwa 10 Min. köcheln. Den Rosmarin entfernen, die Suppe pürieren und nochmals aufkochen. Mit Salz, Pfeffer und 1 Prise Muskat abschmecken. Zum Servieren den Ziegenkäse über die Suppe bröckeln (ohne Abbildung).

Erdäpfelsuppen herstellen

ERDÄPFELSUPPE MIT SPECK

750 g vorwiegend festkochende Erdäpfel
1 kleine Stange Lauch
1/4 Sellerieknolle
1 Karotte
1/2 Bund Majoran
100 g durchwachsener Räucherspeck (am Stück)
1 Zwiebel, in Würfeln
1 EL Butterschmalz
1 l frisch gekochte Gemüsebrühe (S. 14)
1 Lorbeerblatt
unbehandeltes Salz, Pfeffer aus der Mühle
Muskatnuss

Für 4 Personen
Zubereitungszeit: 40 Min.

1. Die Erdäpfel schälen, waschen und würfeln. Den Lauch putzen, waschen und klein schneiden. Den Sellerie und die Karotte schälen und würfeln. Den Majoran waschen und trocken schütteln. Vom Speck Schwarte und Knorpel entfernen und beiseitelegen, den Speck klein würfeln.

2. Zwiebel, Speckwürfel, Schwarte und Knorpel im heißen Schmalz anbraten. Gemüse und Erdäpfel dazugeben und kurz mitbraten. Mit Brühe aufgießen, Lorbeer und Majoran hinzufügen und die Suppe etwa 15 Min. kochen. Mit Salz, Pfeffer und 1 Prise Muskat abschmecken.

3. Zum Servieren Schwarte, Knorpel und nach Belieben Lorbeer und Majoran entfernen (im Bild). Nach Belieben noch 4 Paar in Scheiben geschnittene Würstel (Wiener, Debreziner, Bockwürste) kurz in der Suppe erhitzen.

ERDÄPFEL-LAUCH-SUPPE

Für die Suppe:
600 g mehligkochende Erdäpfel
1/4 Sellerieknolle, 1 kleine Stange Lauch
1 Zwiebel, in Würfeln, 1 EL Butterschmalz
800 ml frisch gekochte Gemüsebrühe (S. 14)
1 Lorbeerblatt, 200 ml Schmand
unbehandeltes Salz, Pfeffer aus der Mühle
Muskatnuss

Für die Einlage:
200 g mehligkochende Erdäpfel, in Würfeln
unbehandeltes Salz, 2 EL Haselnüsse, gehackt
1 kleine Stange Lauch, in Ringen

Für 4 Personen
Zubereitungszeit: 45 Min.

1. Erdäpfel und Sellerie schälen, waschen und würfeln. Lauch putzen, waschen und klein schneiden. Zwiebel im heißen Schmalz glasig dünsten. Gemüse und Erdäpfel hinzufügen und kurz mitbraten. Mit Brühe aufgießen, Lorbeerblatt dazugeben und die Suppe etwa 15 Min. kochen lassen.

2. Für die Einlage die Erdäpfelwürfel in wenig Salzwasser etwa 10 Min. garen und abgießen. Die Nüsse in einer Pfanne ohne Fett unter Wenden goldbraun rösten. Lorbeerblatt entfernen und die Suppe mit dem Stabmixer pürieren. Mit Schmand verfeinern und mit Salz, Pfeffer und 1 Prise Muskat abschmecken. Zum Servieren Erdäpfelwürfel und Lauchringe in die Suppe geben und einmal aufkochen. Dann anrichten und mit den Haselnüssen bestreuen (ohne Abbildung).

GAZPACHO

1/2 Weißbrot vom Vortag (etwa 150 g)
1 rote Paprikaschote
1 grüne Paprikaschote
4–6 Paradeiser
1/2 Gurke
2–4 Knoblauchzehen
unbehandeltes Salz, Pfeffer aus der Mühle
3 EL Olivenöl
2 EL Sherryessig
100–200 ml frisch gekochte, abgekühlte Gemüsebrühe (S. 14)
2 Frühlingszwiebeln
100 g Serrano-Schinken und grüne Oliven zum Servieren

Für 4 Personen
Zubereitungszeit: 20 Min. + 30 Min. Einweichen + 2 Std. Kühlen

1. Das Weißbrot in einer Schüssel in Wasser etwa 30 Min. einweichen. Danach in einem Sieb gut ausdrücken.

2. Inzwischen die Paprikaschoten halbieren, von Trennhäuten und Kernen befreien und waschen. Die Paradeiser waschen, halbieren und die Stielansätze entfernen. Die Gurke (S. 37) und den Knoblauch schälen. Gemüse mit Knoblauch grob zerkleinern und mit dem Brot in einen Mixer geben. Mit Salz, Pfeffer, Öl und Essig würzen und alles fein pürieren. Die Gazpacho soll dickflüssig sein, nach Belieben durch ein Sieb passieren. Je nach gewünschter Konsistenz noch etwas Brühe zugießen, dann die Gazpacho etwa 2 Std. kühl stellen.

3. Inzwischen die Frühlingszwiebeln waschen, putzen und in dünne Ringe schneiden. Die Gazpacho vor dem Servieren nochmals im Mixer aufschlagen und mit den Frühlingszwiebelringen garnieren. Den Serrano-Schinken und die Oliven dazu reichen. Eine Gazpacho ist leicht vorzubereiten und schmeckt als erfrischende Vorspeise im Sommer, sie ist auch perfekt für ein kaltes Büffet!

+ VARIANTE GAZPACHO VERDE

Die rote Paprika weglassen und dafür **200 g Spinat** putzen, waschen und trocken schütteln. Wie oben beschrieben mit dem übrigen Gemüse, dem Knoblauch und dem Brot in den Mixer geben. Mit unbehandeltem **Salz, Pfeffer** aus der Mühle, **Öl** und **Essig** würzen und alles fein pürieren. Die Gazpacho nach Belieben mit etwas **Gemüsebrühe** verdünnen und wie oben beschrieben gut gekühlt servieren.

Salate und Vorspeisen

Grundtechniken

Salate & Saucen

BLATTSALAT WASCHEN UND TROCKNEN

Bei Blattsalaten, zum Beispiel Kopfsalat, zuerst den Stielansatz des Salatkopfs kreisförmig ausschneiden. Dann den Kopf in einzelne Blätter zerteilen. Alle verwelkten oder unschönen Teile entfernen. Die Salatblätter in kaltem Wasser hin- und herbewegen. Eventuell das Wasser mehrmals wechseln, je nachdem wie verschmutzt der Salat ist, bis das Wasser klar bleibt. Dann kommen die Blätter in ein Sieb – ideal ist eine Salatschleuder – und werden trocken geschleudert. Mein Tipp: die nassen Salatblätter in ein trockenes, sauberes Küchentuch einschlagen und dieses über dem Spülbecken hin- und herschwenken.

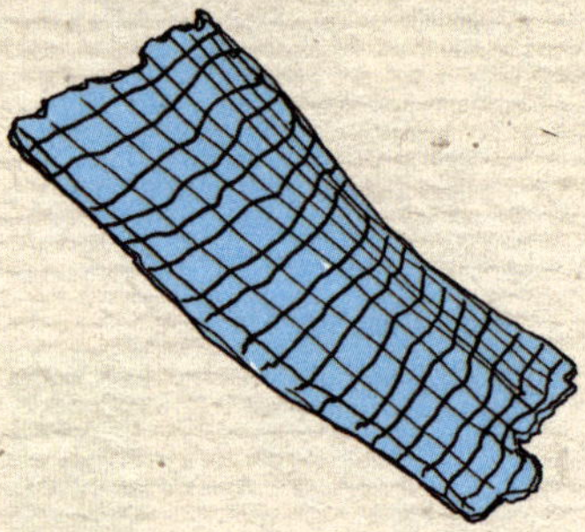

KRÄUTER VORBEREITEN

Kräuter wie Petersilie, Thymian oder Majoran kurz unter fließendes kaltes Wasser halten, dann trocken schütteln. Die Blätter von den Stielen zupfen. Die Stiele eventuell noch für eine Gemüsebrühe (S. 14) verwenden, die Blätter mit einem breiten Gemüsemesser klein hacken und nach Rezept verarbeiten. Schnittlauch lässt sich sehr gut mit einer Küchenschere in Röllchen schneiden. Rosmarinnadeln zupft man von den Stielen und hackt sie mit einem Messer klein. Mein Tipp: Kräuter wie Basilikum, Petersilie oder Bärlauch lassen sich prima im Mörser oder Blitzhacker zerkleinern und mit Knoblauch, Pinienkernen, geriebenem Parmesan und Olivenöl zu Pesto verarbeiten (S. 156). Lecker zu frischen Nudeln!

SALATGURKEN HOBELN UND SCHÄLEN

Bio-Gurken (sowie alle Gemüse) dürfen gerne gut gewaschen mit der Schale verwendet werden, denn direkt in der Schale sitzen wertvolle Inhaltstoffe. Von allen anderen Salatgurken die Enden entfernen und die Schale mit einem Gemüsemesser oder am besten einem Sparschäler abschälen. Dann die Gurke auf einem Gemüsehobel in Scheiben schneiden. Für manche Salate ist es nötig, die Gurke von den Kernen zu befreien. Dazu die Gurke längs halbieren und mit einem Teelöffel die Kerne vorsichtig herauskratzen, dann die Gurkenhälften in Halbringe oder Würfel schneiden.

VINAIGRETTE RÜHREN

Blattsalate brauchen eine Vinaigrette, eine köstliche Salatsauce aus einem guten Öl, Essig oder frisch gepresstem Zitronensaft, wenig unbehandeltem Salz und frisch gemahlenem Pfeffer. Und so wird's gemacht: 2 EL Essig oder Zitronensaft mit 1/4 TL Salz und Pfeffer in einer kleinen Schüssel mit einem Schneebesen verrühren, bis sich die Salzkristalle aufgelöst haben. Dann nach und nach 6 EL Öl unterschlagen, sodass sich das Öl fein verteilt und eine Öl-in-Wasser-Emulsion entsteht. Die fertige Vinaigrette lässt sich mit gehackten Kräutern oder Zwiebelwürfeln verfeinern – weitere Varianten sind auf der nächsten Seite zu finden. Mein Tipp: Beim Öl gibt es zahlreiche Möglichkeiten, der Vinaigrette eine besondere Note zu geben. Ich verwende gerne Distelöl, Kürbiskernöl, Rapsöl oder Sesamöl und vor allem das gehaltvolle Leinöl oder Arganöl.

REMOULADE UND MAYONNAISE

Eine selbst gemachte Mayonnaise schmeckt köstlich und ist vielfältig einsetzbar. Dazu braucht man vor allem frische Bio-Eier. So geht's: 1 Ei, 1 Eidotter, etwas Salz, 1 EL Zitronensaft und 1 EL mittelscharfen Senf (dieser sorgt für eine bessere Bindung der Emulsion) mit den Schneebesen des Handrührgeräts verquirlen. Anschließend bis zu 400 ml gutes Öl erst tropfenweise, dann in dünnem Strahl unter ständigem Rühren dazugeben und so lange rühren, bis eine cremige Konsistenz entstanden ist. Für eine Remouladen-Sauce noch 1–2 Gewürzgurkerl, 1 kleine Zwiebel, 1 Sardellenfilet, 1 EL Kapern und etwas glatte Petersilie oder Schnittlauch hacken und unter die fertige Mayonnaise rühren. Oder einfach eine der anderen Mayonnaise-Varianten ausprobieren (S. 60).

Grundrezepte

Knoblauch-Vinaigrette

1 Knoblauchzehe
2 EL Zitronensaft
1 EL mittelscharfer Senf
unbehandeltes Salz, Pfeffer aus der Mühle
3 EL Traubenkernöl
3 EL Arganöl oder Sonnenblumenöl

Die Knoblauchzehe schälen, fein hacken und in eine große Salatschüssel geben. Den Zitronensaft mit dem Senf sowie etwas Salz und Pfeffer dazugeben und alles mit einem Schneebesen gründlich verrühren, bis sich die Salzkristalle vollständig aufgelöst haben (S. 37).
Beide Ölsorten nach und nach in einem dünnen Strahl unterschlagen, sodass sich das Öl fein verteilt und eine gleichmäßige Emulsion entsteht. Die Knoblauch-Vinaigrette passt sehr gut zu allen möglichen Blattsalaten.

Himbeer-Vinaigrette

2 EL Himbeeren
2 EL Himbeeressig
unbehandeltes Salz, Pfeffer aus der Mühle
2 EL Haselnussöl
4 EL Sonnenblumen- oder Rapsöl

Die Himbeeren verlesen und möglichst nicht waschen. Anschließend in eine ausreichend große Salatschüssel geben und mit einer Gabel vollständig zerdrücken.
Zunächst den Essig mit etwas Salz und Pfeffer hinzufügen und alles mit einem Schneebesen gut verrühren, bis sich die Salzkristalle aufgelöst haben (S. 37).
Dann beide Ölsorten nach und nach in einem dünnen Strahl unterschlagen, bis eine feine Emulsion entstanden ist. Die Himbeer-Vinaigrette passt sehr gut zu Vogerlsalat (S. 55) oder Wildkräutersalat (S. 40).

Kapern-Eier-Vinaigrette

2 Eier
2 EL Kapern
2 EL Weißweinessig
unbehandeltes Salz, Pfeffer aus der Mühle
6 EL Olivenöl

Die Eier in reichlich Wasser in gut 10 Min. hart kochen (S. 51) und eiskalt abschrecken. Anschließend die Eier pellen und klein hacken. Die Kapern kalt abspülen und ebenfalls hacken.
Den Essig mit etwas Salz und Pfeffer in eine ausreichend große Salatschüssel geben und gut verrühren, bis sich die Salzkristalle aufgelöst haben (S. 37).
Das Öl nach und nach in dünnem Strahl unterschlagen. Zum Schluss die Kapern und die Eier dazugeben und alles gut verrühren. Die Kapern-Eier-Vinaigrette passt zu Blattsalaten und gekochtem Gemüse wie Artischocken oder Karfiol.

SARAH

WILDKRÄUTERSALAT MIT AVOCADO

200 g Wildkräuter (z. B. Rucola, Löwenzahn, Giersch, Gartenkerbel, Sauerampfer, Vogelmiere)
2 Avocados
2 Ochsenherzparadeiser
1 rote Chilischote
2 EL Arganöl oder Olivenöl
unbehandeltes Salz, Pfeffer aus der Mühle
1 Rezept Knoblauch-Vinaigrette (S. 38)
Holzkohle für den Grill oder Olivenöl für die Grillpfanne

Für 4 Personen
Zubereitungszeit: 30 Min. + Zeit zum Grillanheizen

1. Einen Grill mit Holzkohle füllen, anzünden und die Kohle herunterbrennen lassen, bis eine weißglimmende Glut entstanden ist. Ersatzweise kurz vor dem Grillen die Grillpfanne auf dem Herd gut vorheizen und mit Öl einstreichen.

2. Inzwischen die Wildkräuter verlesen, waschen und in einem Sieb gut abtropfen lassen. Die Avocados halbieren, entkernen, schälen und in Scheiben schneiden. Die Paradeiser waschen, die Stielansätze entfernen und das Fruchtfleisch in Stücke schneiden. Die Chilischote putzen, waschen, fein schneiden und mit Öl, Salz und Pfeffer verrühren.

3. Die Avocadoscheiben auf dem Holzkohlegrill oder in der Pfanne von jeder Seite etwa 2 Min. grillen, damit sie nicht zu weich werden. Anschließend vom Grill nehmen und mit dem Chiliöl einstreichen. Den Wildkräutersalat und die Paradeiser mit der Vinaigrette marinieren und mit der gegrillten Avocado servieren. Dazu schmeckt frisches Weißbrot.

Salate mit Erdäpfeln zubereiten

ERDÄPFELSALAT MIT MATJES

750 g festkochende Erdäpfel
unbehandeltes Salz
250 g grüne Bohnen
4 Matjes-Doppelfilets (je etwa 70 g)
2 rote Zwiebeln, in Ringen
3 EL Weißweinessig
3 EL neutrales Öl (z. B. Distel-, Raps- oder Sonnenblumenöl)
Pfeffer aus der Mühle
Gemüsebrühe nach Belieben (S. 14)

Für 4 Personen
Zubereitungszeit: 30 Min. + 15 Min. Marinieren

1. Die Erdäpfel gründlich waschen und in Salzwasser etwa 20 Min. gar kochen. Das Wasser abgießen, die Erdäpfel etwas abkühlen und mit der Schale in Würfel schneiden.

2. Inzwischen die Bohnen waschen und putzen. In Salzwasser blanchieren, abgießen und eiskalt abschrecken. Die Matjesfilets in mundgerechte Stücke schneiden. Die Erdäpfel, Zwiebeln, Bohnen und Matjesstücke in eine Schüssel geben.

3. Essig, Öl, Salz und Pfeffer zu einer Vinaigrette verrühren. Den Erdäpfelsalat damit marinieren und etwa 15 Min. durchziehen lassen. Nach Belieben noch etwas Brühe dazugeben, so wird der Erdäpfelsalat schön saftig (im Bild links).

BUNTER ERDÄPFEL-CHILI-SALAT

350 g violette Erdäpfel (z. B. Blaue Elise, Blauer Schwede)
350 g festkochende Erdäpfel
1 Gurke
1 Bund Radieschen
1 rote Chilischote
1 Bund Koriander
3 EL Erdnusskerne
Saft von 2 Limetten
1 EL Weißweinessig
3 EL neutrales Öl (z. B. Distel-, Raps- oder Sonnenblumenöl)
unbehandeltes Salz, Pfeffer aus der Mühle

Für 4 Personen
Zubereitungszeit: 35 Min. + 15 Min. Marinieren

1. Die Erdäpfel gründlich waschen und die Sorten getrennt in Salzwasser etwa 20 Min. gar kochen. Das Wasser abgießen, die Erdäpfel etwas abkühlen, pellen und in Scheiben schneiden.

2. Inzwischen die Gurke waschen und mit einem Sparschäler in lange Streifen schneiden. Die Radieschen putzen, waschen und vierteln. Die Chilischote putzen, waschen und in Ringe schneiden. Den Koriander waschen, trocken schütteln und die Blättchen abzupfen. Die Erdnüsse in einer Pfanne ohne Fett unter Rühren goldbraun rösten. Erdäpfel, Gurke, Radieschen, Chili, Koriander und Erdnüsse in eine Schüssel geben.

3. Limettensaft, Essig, Öl, Salz und Pfeffer zu einer Vinaigrette verrühren. Den Erdäpfelsalat damit marinieren und noch etwa 15 Min. durchziehen lassen (im Bild rechts).

Grundrezepte

Joghurt-Kräuter-Dressing

150 g Joghurt
1 EL Mayonnaise (S. 60)
1 EL Weißweinessig
unbehandeltes Salz, Pfeffer aus der Mühle
2 EL gehackte Kräuter (z. B. glatte Petersilie, Dill, Sauerampfer)
1 EL Schnittlauchröllchen

Den Joghurt mit der Mayonnaise und dem Essig in einer ausreichend großen Salatschüssel mit einem Schneebesen gründlich verrühren. Mit etwas Salz und Pfeffer würzen.
Zum Schluss die gehackten Kräuter und die Schnittlauchröllchen dazugeben und gut unterrühren.
Das Joghurt-Kräuter-Dressing passt sehr gut zu Kopfsalat oder zu bunten gemischten Salaten.

Sauerrahm-Dill-Dressing

1 Bund Dill
200 g Sauerrahm
2 EL Weißweinessig
unbehandeltes Salz
Pfeffer aus der Mühle

Den Dill waschen, trocken schütteln und fein hacken. Den Sauerrahm mit dem Essig in einer ausreichend großen Salatschüssel gründlich mit einem Schneebesen verrühren und mit etwas Salz und Pfeffer würzen.
Zum Schluss den gehackten Dill dazugeben und gründlich verrühren. Das Sauerrahm-Dill-Dressing passt zu Blattsalaten oder Erdäpfelsalaten.

Veganes Nussdressing

2 EL Haselnüsse
200 g Sojajoghurt
2 EL Zitronensaft
1 EL Haselnuss- oder Arganöl
unbehandeltes Salz
Pfeffer aus der Mühle

Die Nüsse hacken und einer Pfanne ohne Fett goldbraun rösten, dabei ständig wenden. Anschließend die Nüsse auf einen Teller geben und abkühlen lassen.
Den Joghurt mit dem Zitronensaft und dem Öl in einer ausreichend großen Salatschüssel mit einem Schneebesen gründlich verrühren. Mit etwas Salz und Pfeffer würzen.
Zum Schluss die gerösteten Nüsse dazugeben und gut unterrühren. Das vegane Nuss-Dressing passt hervorragend zu würzigen Salaten mit Rucola oder Chicorée.

sarahwiener

NUDELSALAT MIT RAHMDRESSING

250 g selbst gemachte Nudeln (S. 148) oder Nudeln aus der Packung
unbehandeltes Salz
250 g frische Erbsenschoten
2 Karotten
3 Essiggurken mit 3 EL Essiggurkensud
100 g gekochter Schinken, in Scheiben
200 ml Sauerrahm
1 EL mittelscharfer Senf
Pfeffer aus der Mühle
2 EL Schnittlauchröllchen

Für 4 Personen
Zubereitungszeit: 35 Min.

1. Die Nudeln in Salzwasser in etwa 5 Min. bissfest kochen. Durch ein Sieb abgießen, kalt abschrecken und abtropfen lassen.

2. Die Erbsenschoten der Länge nach aufbrechen und die Erbsen herauslösen. Die Karotten schälen und in Würfel schneiden. Die Erbsen und Karottenwürfel in Salzwasser etwa 5 Min. blanchieren und eiskalt abschrecken.

3. Die Essiggurken in Scheiben und den Schinken in Streifen schneiden. Den Sauerrahm mit dem Gurkensud, dem Senf, Salz und Pfeffer zu einem Dressing verrühren. Die Nudeln, den Schinken und das Gemüse mit dem Dressing mischen und den Nudelsalat zum Servieren mit den Schnittlauchröllchen bestreuen (im Bild).

NUDELSALAT MIT SARDELLEN

250 g selbst gemachte Nudeln (S. 148) oder Nudeln aus der Packung, unbehandeltes Salz
2 Romana-Salatherzen
4 eingelegte Sardellenfilets
2 EL Kapern
100 g durchwachsener Räucherspeck (am Stück, ohne Schwarte oder Knorpel)
1 EL Sonnenblumenöl
2 EL Mayonnaise (S. 60)
150 g Joghurt
2 EL geriebener Parmesan
Pfeffer aus der Mühle
1 Beet Kresse
Parmesan zum Servieren

Für 4 Personen
Zubereitungszeit: 35 Min.

1. Die Nudeln in Salzwasser etwa 5 Min. bissfest kochen. Durch ein Sieb abgießen, kalt abschrecken und abtropfen lassen.

2. Den Salat putzen, waschen und trocken schleudern. Die Blätter in breite Streifen schneiden. Die Sardellen und die Kapern abspülen und klein hacken. Den Speck in kleine Würfel schneiden. Das Öl in einer Pfanne erhitzen und den Speck darin knusprig braten. Die Speckwürfel aus der Pfanne nehmen und auf Küchenpapier abtropfen lassen.

3. Die Mayonnaise mit Joghurt, Sardellen, Kapern, Parmesan, Salz und Pfeffer zu einem Dressing verrühren. Die Nudeln und den Salat mit dem Dressing marinieren. Zum Servieren die Kresse vom Beet schneiden und mit den Speckwürfeln über den Salat geben. Nach Belieben den Nudelsalat noch mit Parmesan bestreuen (ohne Abbildung).

Grundrezepte

Ceviche

400 g Fischfilets (küchenfertig; z. B. Wolfsbarsch, Schellfisch, Kabeljau)
Saft von 2 Bio Limetten
1–2 grüne Chilischoten
1 Bund Koriander
2 rote Zwiebeln, in feinen Würfeln
unbehandeltes Salz, Pfeffer aus der Mühle

Das Fischfilet waschen, mit Küchenpapier trocken tupfen und in feine Streifen schneiden. Mit dem Limettensaft beträufeln und etwa 15 Min. marinieren.
Inzwischen die Chilischoten putzen, waschen und in feine Ringe schneiden. Den Koriander waschen, trocken schütteln und die Blättchen abzupfen.
Den marinierten Fisch mit Chili, Koriander und Zwiebelwürfeln mischen und mit Salz und Pfeffer würzen (im Bild). Dazu passen violette in der Schale gekochte Erdäpfel.

Rindertatar

2 eingelegte Sardellenfilets
1 EL Kapern
400 g Rindertatar (vom Metzger)
1 Zwiebel, in Würfeln
1 EL scharfer Senf
unbehandeltes Salz, Pfeffer aus der Mühle
4 sehr frische Eidotter

Die Sardellen und die Kapern abspülen, klein hacken und mit dem Rindertatar, der Zwiebel und dem Senf gründlich mischen. Mit Salz und Pfeffer würzen.
Aus dem Fleischteig mit angefeuchteten Händen vier gleich große Laiberl formen und jeweils auf einen Teller setzen. In die Mitte jedes Tatarlaiberls eine Vertiefung drücken und einen Eidotter hineinsetzen.
Das Rindertartar mit Ei (ohne Abbildung) sofort servieren und verzehren. Dazu passt Bauernbrot.

Gemüsetatar

je 2 Auberginen und Paradeiser
1 Avocado
Saft von 1 Zitrone
1 gehackte rote Chilischote
je 2 EL Dill und Minze
unbehandeltes Salz, Pfeffer aus der Mühle
Olivenöl zum Braten

Die Auberginen putzen, waschen und längs in dünne Scheiben schneiden. Die Paradeiser waschen, die Stielansätze entfernen und das Fruchtfleisch klein würfeln. Die Avocado halbieren und entkernen. Das Fruchtfleisch auskratzen, mit einer Gabel zerdrücken und sofort mit Zitronensaft beträufeln. Dill und Minze waschen, trocken schütteln und fein hacken.
Die Auberginenscheiben im heißen Öl portionsweise braten, herausnehmen und etwas abkühlen lassen. In kleine Würfel schneiden und mit Paradeisern, Avocado, Chili, Dill und Minze mischen. Das Gemüsetatar (ohne Abbildung) salzen und pfeffern und 20 Min. durchziehen lassen. Dazu passt Ciabatta.

Grundtechniken

Umgang mit Eiern

EIER TRENNEN

Das rohe Ei mittig am Teller- oder Schüsselrand vorsichtig aufschlagen. Die Schale in der Mitte des Eis mit dem Daumen teilen und den Eidotter vorsichtig von einer Schalenhälfte in die andere gleiten lassen. Das Eiklar dabei in eine darunter stehende Schüssel laufen lassen. Es sollte kein Eidotter in die Eiklarmasse gelangen. Falls es doch einmal passiert, kann man versuchen, den Eidotter mit einem Stückchen leerer Eierschale »einzufangen«. Nur wenn das Eiklar vollkommen eidotterfrei ist, lässt es sich gut steif schlagen.

EISCHNEE SCHLAGEN

Geschlagenes Eiklar, also Eischnee, wird für viele Backrezepte gebraucht (S. 160). Reichlich davon kann sogar als Triebmittel dienen und das Backpulver einsparen. Generell gilt: Je kühler und frischer die zu schlagenden Eier sind, desto besser gelingt der Eischnee. Bitte nur in absolut sauberer und fettfreier Schüssel schlagen und keine Plastikschüssel verwenden! Zum Schlagen am besten die Schneebesen des Handrührgeräts in die Schüssel mit dem Eiklar halten und mit etwas Geduld so lange schlagen, bis die Masse fest wird und leicht glänzt. Mit einem Schneebesen per Hand schlagen geht auch, ist aber anstrengend.

EIER KOCHEN

Am besten kocht man Eier in der Schale. Dazu die Schale am stumpfen Ende des Eis (da ist es auch »wärmer«, weil dort die Luftkammer sitzt) mit einer Nadel oder einem Eierpikser einstechen. So kann die Luft entweichen und das Ei platzt während des Kochens nicht. Reichlich Wasser in einem Topf zum Kochen bringen und die Eier mit einem Löffel vorsichtig ins kochende Wasser gleiten lassen. Ab dann läuft die Zeit: Etwa 5 Min. für einen weichen Eidotter, etwa 6 Min. für einen wachsweichen Eidotter und etwa 10 Min. für ein hart gekochtes Ei rechnen. Anschließend die Eier aus dem Wasser heben und kalt abschrecken, dann lassen sie sich leicht pellen und weiterverarbeiten (S. 55).

EIER – FRISCHETEST

Mit dem sogenannten Schwimmtest kann man ganz einfach feststellen, ob ein Ei auch wirklich frisch ist: Sinkt das Ei in einem Glas voll Wasser zu Boden, ist es frisch, denn die Luftkammer des Eis ist noch klein. Bei einem etwa 7 Tage alten Ei dagegen ist die Luftkammer schon größer und das Ei richtet sich mit seinem stumpfen Ende im Wasserglas nach oben auf. Schwimmt das Ei im Wasser an der Oberfläche, ist dies ein Zeichen dafür, dass die Luftkammer bereits sehr groß und das Ei mindestens 5 Wochen alt und sicher nicht mehr frisch ist.

RÜHREI ZUBEREITEN

Für 2 Portionen Rührei 5 Eier eventuell mit 5 EL flüssigem Obers (Sahne) mit einer Gabel in einer Schüssel verquirlen und mit unbehandeltem Salz und Pfeffer aus der Mühle würzen. Nach Belieben frische, gehackte Kräuter oder etwas geriebenen Käse untermischen. Etwas Sauerrahmbutter in einer Pfanne erhitzen, die Eiermischung hineingeben und kurz stocken lassen. Die Eiermasse mit einem Holzlöffel leicht verrühren und das Rührei sofort servieren. Weitere Ideen für Rührei gibt's auf der nächsten Seite!

SPIEGELEI BRATEN

Ein perfekt gebratenes Spiegelei hat keine Bratränder und einen weichen glänzenden Eidotter. Dazu etwas Sauerrahmbutter in einer Pfanne zerlassen, das Ei in einer Tasse aufschlagen und in die Pfanne gleiten lassen. Das Eiklar bei mittlerer Hitze so langsam stocken lassen, dass keine dunklen Braträndern entstehen. Dabei gart auch der Eidotter, bleibt aber schön weich. Das Spiegelei mit Salz und nach Belieben frischen gehackten Kräutern würzen, aus der Pfanne heben und genießen.

Verrührte Eier garen

RÜHREI MIT KRABBEN

1 Bund Dill
200 g Nordseekrabben (küchenfertig)
8 Eier
150 ml Mineralwasser
unbehandeltes Salz
Pfeffer aus der Mühle
1 EL Sauerrahmbutter

Für 4 Personen
Zubereitungszeit: 20 Min.

1. Den Dill waschen, trocken schütteln und fein hacken. Die Krabben waschen und mit Küchenpapier trocken tupfen. Die Eier in eine Schüssel aufschlagen und mit dem Mineralwasser gründlich verquirlen. Mit Salz und Pfeffer würzen und den Dill dazugeben.

2. Die Butter in einer großen Pfanne erhitzen und die Eiermischung hineingießen. Sobald die Eier zu stocken beginnen, die Krabben mit in die Pfanne geben und das Ganze wenige Minuten braten, dabei ab und zu durchrühren (S. 51). Das Krabbenrührei sofort servieren. Dazu schmeckt ein dunkles Bauernbrot mit Butter.

RÜHREI MIT SCHWAMMERL

250 g Champignons
1 Bund Frühlingszwiebeln
8 Eier
150 ml Mineralwasser
unbehandeltes Salz
Pfeffer aus der Mühle
2 EL Sauerrahmbutter

Für 4 Personen
Zubereitungszeit: 25 Min.

1. Die Champignons putzen und vierteln. Die Frühlingszwiebeln waschen, putzen und in Ringe schneiden. Die Eier in eine Schüssel aufschlagen und mit dem Mineralwasser gründlich verquirlen. Mit Salz und Pfeffer würzen.

2. Die Butter in einer Pfanne erhitzen und die Champignons und Frühlingszwiebeln darin anbraten. Die Eiermischung zugießen und wenige Minuten stocken lassen, dabei ab und zu umrühren (S. 51). Das Schwammerlrührei sofort servieren. Dazu passt dunkles Brot mit Butter oder ein frischer Salat.

Verrührte Eier garen

ERDÄPFEL-TORTILLA

600 g vorwiegend festkochende Erdäpfel
6 Eier
unbehandeltes Salz, Pfeffer aus der Mühle
1 Zwiebel, in Würfeln
Olivenöl zum Braten

Für 4 Personen
Zubereitungszeit: 40 Min.

1. Die Erdäpfel schälen, waschen und würfeln. Die Eier gründlich verquirlen, salzen und pfeffern. Etwas Öl in einer Pfanne erhitzen und die Erdäpfel darin etwa 10 Min. unter Rühren braten, sie sollen gar, aber nicht gebräunt sein. Die Zwiebel dazugeben und mitbraten, salzen und pfeffern.

2. Das überschüssige Öl vorsichtig aus der Pfanne gießen und die Eier dazugeben, nicht umrühren (!). Die Tortilla zugedeckt bei schwacher Hitze in etwa 10 Min. vollständig stocken lassen. Dann den Deckel abnehmen und einen großen Teller auf die Pfanne drücken. Den Teller festhalten, die Pfanne in der Luft wenden und die Tortilla auf den Teller stürzen. Wieder in die Pfanne gleiten lassen und die andere Seite goldbraun braten. Zum Servieren in Stücke schneiden.

PARADEISER-OMELETT

250 g Kirschparadeiser
unbehandeltes Salz, Pfeffer aus der Mühle
1/2 Bund Basilikum
6 Eier
100 g Obers (Sahne)
1 EL Sauerrahmbutter
2 EL geriebener Pecorino

Für 4 Personen
Zubereitungszeit: 25 Min.

1. Die Paradeiser waschen, halbieren und mit Salz und Pfeffer würzen. Das Basilikum waschen, trocken schütteln und die Blättchen abzupfen. Die Eier in eine Schüssel aufschlagen und mit dem Obers verquirlen. Mit Salz und Pfeffer würzen.

2. Die Butter in einer Pfanne erhitzen und die Eiermischung hineingießen. Nicht mehr umrühren und die Hitze stark herunterschalten. Die Paradeiser auf dem Omelett verteilen und den Pecorino darüberstreuen. Den Deckel auflegen und das Omelett in etwa 10 Min. vollständig stocken lassen.

3. Zum Servieren das Omelett auf einen großen Teller gleiten lassen und mit dem Basilikum garnieren. Dazu passt frisches Weißbrot und ein bunter gemischter Salat.

EIERSALAT MIT PAPRIKA

8 Eier
2 rote Spitzpaprikaschoten
1 Bund Dill
3 EL Mayonnaise (S. 60)
150 g Joghurt
2 EL mittelscharfer oder Dijon-Senf
unbehandeltes Salz, Pfeffer aus der Mühle

Für 4 Personen
Zubereitungszeit: 25 Min.

1. Die Eier in reichlich Wasser gut 10 Min. hart kochen (S. 51), eiskalt abschrecken und pellen. Mit dem Eierschneider oder einem Messer in möglichst dünne Scheiben schneiden und auf Tellern anrichten.

2. Inzwischen die Paprikaschoten putzen, waschen und in kleine Würfel schneiden. Den Dill waschen und trocken schütteln. Die Dillspitzen abzupfen, einige zum Garnieren beiseitelegen, den Rest fein hacken.

3. Die Mayonnaise mit dem Joghurt und dem Senf in einer kleinen Schüssel zu einem Dressing verrühren. Mit Salz und Pfeffer würzen und die Paprika unterrühren. Zum Servieren Dressing über die Eier geben und Dill darüberstreuen (im Bild rechts). Dazu passen in der Schale gekochte Erdäpfel.

SALAT MIT WACHTELEIERN

150 g Vogerlsalat
150 g Himbeeren
12 Wachteleier
unbehandeltes Salz, Pfeffer aus der Mühle
1 Rezept Himbeer-Vinaigrette (S. 38)
Sonnenblumenöl zum Frittieren

Für 4 Personen
Zubereitungszeit: 30 Min.

1. Den Salat putzen, gut waschen und trocken schleudern. Die Himbeeren nur verlesen und möglichst nicht waschen.

2. Ausreichend Öl in einem Topf zum Frittieren erhitzen. Die Eier einzeln vorsichtig in eine Tasse aufschlagen, nacheinander ins heiße Öl gleiten lassen und in etwa 3 Min. knusprig backen. Mit einer Schaumkelle herausnehmen und auf Küchenpapier abtropfen lassen. Mit Salz und Pfeffer würzen.

3. Den Vogerlsalat mit der Vinaigrette marinieren und auf Tellern anrichten. Mit den Himbeeren verzieren, die gebackenen Wachteleier daraufsetzen und sofort servieren (im Bild links).

Backen mit Holz
mit Stolz,

Eier pochieren

EIER MIT PETERSILIENSCHAUM

1/2 Bund glatte Petersilie, Blättchen abgezupft
5 EL Gemüsebrühe (S. 14)
50 g junger Pflücksalat
4 Scheiben Mischbrot
1 Rezept Paprika-Auberginen-Dip (S. 109)
4 EL Weißweinessig
4 sehr frische, gut gekühlte Eier
3 Eidotter

Für 4 Personen
Zubereitungszeit: 40 Min.

1. Die Petersilie waschen, trocken tupfen und mit der Brühe mit dem Stabmixer pürieren. Den Salat waschen und trocken schleudern. Die Brotscheiben rösten, mit dem Dip bestreichen und die Salatblätter darauf verteilen.

2. Etwa 1 l Wasser mit dem Essig (er hält die Eier »in Form«) zum Sieden bringen. Die Eier einzeln vorsichtig in eine Tasse aufschlagen und nacheinander in das siedende Essigwasser gleiten lassen, der Dotter soll ganz bleiben. Die Eier bei schwacher Hitze 3–5 Min. gar ziehen lassen. Mit einer Schaumkelle herausnehmen und auf Küchenpapier abtropfen lassen, dann auf die Brote setzen.

3. Eidotter und Petersilienpüree in einer Metallschüssel über dem heißen Wasserbad mit einem Schneebesen in etwa 3 Min. cremig schlagen. Sofort aus dem Dampf nehmen, Schaum auf die Eier verteilen und die Brote servieren (im Bild).

POCHIERTE EIER MIT SPINAT

800 g Spinat
1 Zwiebel, in Würfeln
1 EL Sauerrahmbutter
unbehandeltes Salz, Pfeffer aus der Mühle
Muskatnuss
4 EL Weißweinessig
4 sehr frische, gut gekühlte Eier

Für 4 Personen
Zubereitungszeit: 35 Min.

1. Den Spinat putzen, waschen und abtropfen lassen. Die Zwiebel in der Butter glasig dünsten. Den Spinat dazugeben, die Blätter zusammenfallen lassen und etwa 5 Min. dünsten. Mit Salz, Pfeffer und 1 Prise Muskat würzen, warm halten.

2. In einem Topf etwa 1 l Wasser mit dem Essig zum Sieden bringen. Die Eier einzeln vorsichtig in eine Tasse aufschlagen und nacheinander in das siedende Essigwasser gleiten lassen, der Dotter soll ganz bleiben. Die Eier bei schwacher Hitze 3–5 Min. gar ziehen lassen. Dann mit einer Schaumkelle herausnehmen, auf Küchenpapier abtropfen lassen und auf dem Spinat anrichten (ohne Abbildung). Dazu passt auch noch eine Hollandaise sehr gut (S. 62).

KÄSESOUFFLÉS MIT PARADEISERSALAT

Für die Soufflés:

50 g Sauerrahmbutter
1 Zwiebel, in Würfeln
50 g Mehl
250 ml Milch
4 Eier
4 EL geriebener Parmesan
unbehandeltes Salz, Pfeffer aus der Mühle
Muskatnuss
Sauerrahmbutter und Mehl für die Förmchen

Für den Salat:

2 EL Pinienkerne
3 Ochsenherzparadeiser
1 Bund rotes Basilikum
unbehandeltes Salz, Pfeffer aus der Mühle
Olivenöl zum Beträufeln

Für 4 Soufflé-Förmchen (je etwa 7 cm Ø)
Zubereitungszeit: 30 Min. + 25 Min. Backen

1. Für die Soufflés den Backofen auf 200 °C (Umluft nicht empfehlenswert) vorheizen, ein Backblech einschieben. Die Förmchen mit Butter einstreichen und mit Mehl bestäuben. Die Butter in einem Topf zerlassen und die Zwiebel darin glasig dünsten. Mit Mehl bestäuben, kurz mitschwitzen und mit der Milch aufgießen, dabei mit einem Schneebesen gut rühren. Die Béchamelsauce bei schwacher Hitze unter Rühren etwa 5 Min. köcheln lassen. Anschließend vom Herd nehmen und etwas abkühlen lassen.

2. Inzwischen die Eier trennen (S. 50). Das Eiklar zu steifem Schnee schlagen, die Eidotter nacheinander in die abgekühlte Béchamelsauce rühren. Parmesan dazugeben und alles mit Salz, Pfeffer und 1 Prise Muskat abschmecken. Den Eischnee unter die Käsemasse heben und die Masse sofort auf die Förmchen verteilen. Die Soufflés auf dem Blech im heißen Ofen etwa 25 Min. backen.

3. Inzwischen für den Salat die Pinienkerne in einer Pfanne ohne Fett leicht rösten. Paradeiser waschen, Stielansätze entfernen, Fruchtfleisch quer in Scheiben schneiden und auf einer Platte anrichten. Basilikum waschen, trocken schütteln und grob schneiden. Paradeiser mit reichlich Öl beträufeln, salzen und pfeffern und Basilikum und Pinienkerne darübergeben. Die Soufflés direkt aus dem Ofen dazu servieren.

Tipp

Soufflés sind sehr empfindlich gegenüber Zugluft. Sie können zusammenfallen und sehen dann so nicht mehr schön aus. Um das zu vermeiden, anstelle von Umluft bei Ober-/Unterhitze backen und während des Backens die Ofentür nicht öffnen.

Grundrezepte

Mayonnaise

1 sehr frisches Bio-Ei
1 sehr frischer Bio-Eidotter
1 EL mittelscharfer Senf
400 ml neutrales Öl (z. B. Raps-, Distel-, Sonnenblumenöl)
unbehandeltes Salz, Pfeffer aus der Mühle
1 EL Zitronensaft

Das Ei und den Eidotter mit dem Senf in eine Schüssel geben. Das Öl zuerst tröpfchenweise, danach in einem dünnen Strahl mit den Schneebesen des Handrührgeräts unter die Eiermischung schlagen. Falls die Mayonnaise zu fest wird, einfach einige Spritzer lauwarmes Wasser unterrühren.
Mit Salz, Pfeffer und Zitronensaft würzen. Die frische Mayonnaise sofort servieren oder bis zur Verwendung am selben Tag in den Kühlschrank stellen. Übrig gebliebene Mayonnaise wegwerfen, sie ist aufgrund der rohen Eier nicht haltbar.

Tataren-Sauce

1 Rezept Mayonnaise (siehe oben)
2 Eier
2 EL gehackte glatte Petersilie
3 eingelegte Sardellenfilets
1 EL Kapern
2 Essiggurkerl
Joghurt nach Belieben

Die Mayonnaise wie beschrieben zubereiten. Die Eier in reichlich Wasser in 10 Min. hart kochen (S. 51) und eiskalt abschrecken. Anschließend die Eier pellen und grob hacken. Die Sardellen und die Kapern abspülen.
Essiggurkerl, Sardellen und Kapern fein hacken und mit den Eiern und der Petersilie in die Mayonnaise rühren. Nach Belieben noch etwas Joghurt untermischen, um eine leichtere Sauce zu bekommen. Die Tartaren-Sauce passt zu gebratenem Fisch oder Fischstäbchen (S. 104).

Limetten-Chili-Mayonnaise

1 Rezept Mayonnaise (siehe oben)
2 Bio-Limetten
1 rote oder grüne Chilischote
1 Bund Koriander
Joghurt nach Belieben

Die Mayonnaise wie oben beschrieben zubereiten. 1 Limette heiß abwaschen, abtrocknen und die Schale abreiben. Beide Limetten halbieren und auspressen. Die Chilischote putzen, waschen und fein schneiden. Den Koriander waschen, trocken schütteln und die Blättchen abzupfen.
Limettenschale und -saft, Chili und Koriander in die Mayonnaise rühren. Nach Belieben noch etwas Joghurt untermischen, um eine leichtere Sauce zu bekommen. Die Limetten-Chili-Mayonnaise schmeckt besonders köstlich zu Grillgemüse (S. 40).

Grundrezepte

Hollandaise

250 g Sauerrahmbutter
2 Schalotten
1/2 TL Pfefferkörner, zerdrückt
100 ml Weißwein
3 zimmerwarme Eidotter
unbehandeltes Salz
1 TL Zitronensaft
Cayennepfeffer

Butter bei schwacher Hitze etwa 10 Min. köcheln, bis sie klar und goldgelb ist. Die abgesetzte Molke mit einer Schaumkelle entfernen. Schalotten schälen, in Ringe schneiden und mit Pfeffer und Wein auf 4 EL einkochen. Durch ein Sieb passieren (S. 13).
Eidotter und Reduktion in einer Metallschüssel über dem heißen Wasserbad mit einem Schneebesen in etwa 3 Min. cremig schlagen. Aus dem Dampf nehmen und die flüssige, zimmerwarme Butter zuerst tröpfchen-, dann esslöffelweise unterschlagen. Mit Salz, Zitronensaft und 1 Prise Cayenne abschmecken. Die Hollandaise (im Bild oben) passt zu Spargel.

Orangensauce

250 g Sauerrahmbutter
Saft von 1–2 Blutorangen (etwa 150 ml)
1/2 TL Pfefferkörner, zerdrückt
3 zimmerwarme Eidotter
unbehandeltes Salz
1 TL abgeriebene Bio-Orangenschale
Cayennepfeffer

Die Butter wie bei der Hollandaise vorbereiten. Den Blutorangensaft mit den Pfefferkörnern auf etwa 4 EL einkochen und die Reduktion durch ein Sieb passieren (S. 13).
Die Eidotter und die Reduktion wie oben beschrieben über dem heißen Wasserbad aufschlagen und die flüssige, zimmerwarme Butter zuerst tröpfchen-, dann esslöffelweise dazugeben.
Die Sauce mit Salz, Orangenschale und 1 Prise Cayennepfeffer abschmecken. Die Orangensauce (ohne Abbildung) passt gut zu gebratenem Fisch.

Estragonsauce

2 Schalotten
1/2 TL Pfefferkörner, zerdrückt
4 Estragonzweige
1 EL Weißweinessig
100 ml Weißwein
3 zimmerwarme Eidotter
200 ml zimmerwarmes Olivenöl
2 EL Paradeisermark
unbehandeltes Salz

Die Schalotten schälen, in Ringe schneiden und mit dem Pfeffer, 2 Estragonzweigen, dem Essig und dem Wein auf etwa 3 EL einkochen, durch ein Sieb passieren (S. 13).
Die Eidotter und die Reduktion in einer Metallschüssel über dem heißen Wasserbad mit einem Schneebesen in etwa 3 Min. cremig schlagen. Aus dem Dampf nehmen und das Öl zuerst tröpfchen-, dann esslöffelweise unterschlagen.
Übrigen Estragon waschen, trocken schütteln, fein hacken und mit dem Paradeisermark untermischen, salzen. Die Estragonsauce (im Bild unten) passt zu Rinderlendensteaks (S. 70).

Haupt-gerichte

Grundtechniken

Umgang mit Fleisch

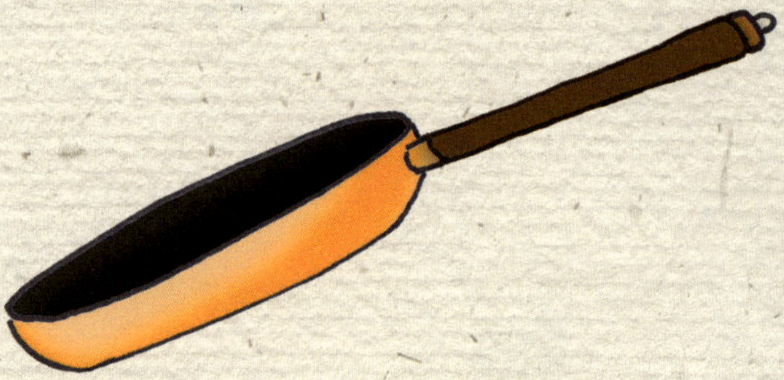

SCHNITZEL KLOPFEN

Für viele Gerichte wie etwa ein gutes Wiener Schnitzel oder Rouladen muss das Fleisch geklopft (plattiert) werden, damit es gleichmäßig gart. Dazu das Schnitzel auf ein Brett legen und mit einem Fleischklopfer nicht zu fest, aber gleichmäßig dünn klopfen. Damit das Fleisch dabei nicht zerreißt, kann man auch ein Stück Frischhaltefolie darüberlegen.

FLEISCH PANIEREN

In getrennten Suppentellern Folgendes vorbereiten: reichlich Mehl, mehrere verquirlte Eier sowie genügend Semmelbrösel von altbackenem geriebenem Weißbrot. Zunächst die Schnitzel mehlieren, das heißt im Mehl wenden, sodass sie vollständig von Mehl umhüllt sind. Überschüssiges Mehl ein bisschen abklopfen. Danach die Schnitzel durch die Eier ziehen, dabei am besten mit einer Gabel festhalten, und abtropfen lassen. Nun vorsichtig in den Semmelbröseln wenden, diese nicht zu fest andrücken. Für ein Wiener Schnitzel reichlich Sauerrahmbutter oder Butterschmalz in einer Pfanne erhitzen und die Schnitzel darin nach und nach braten.

ROULADEN VORBEREITEN

Fleisch für Rouladen gibt's beim Metzger bereits fertig plattiert oder man klopft sie wie links beschrieben selbst, sodass sie an allen Stellen schön gleichmäßig dünn sind. Dann die Rouladen auf einem Brett nebeneinander ausbreiten, salzen und pfeffern und nicht zu dick mit einem Messer mit Füllung bestreichen (das kann eine Mischung aus gehackten Kapern, Knoblauch, in Öl eingelegten klein geschnittenen Sardellenfilets und etwas Kalbsbrät oder auch eine Gemüsefüllung sein). Nun die Rouladen vorsichtig von einer der schmalen Seiten her so aufrollen, dass seitlich keine Füllung austritt. Die Rouladen mit Küchengarn zusammenbinden und die Garnenden verknoten, damit die Rouladen nicht auseinanderfallen. Alternativ mit Zahnstochern fixieren. Anschließend nach Rezept (S. 82) zubereiten.

FASCHIERTES VERARBEITEN

Faschiertes (also Hackfleisch) vom Rind, Schwein oder Lamm immer ganz frisch kaufen und sofort verarbeiten, jedenfalls nie länger als 1 Tag im Kühlschrank aufbewahren, denn es verdirbt leicht.
Für einen Fleischteig als Basis für faschierte Laiberl etwa 500 g Faschiertes in eine Schüssel geben, mit Zwiebelwürfeln, unbehandeltem Salz und Pfeffer aus der Mühle würzen, 1 frisches Ei untermischen und 1 in lauwarmem Wasser eingeweichte, ausgedrückte Semmel als Bindung unter den Teig kneten. Dann mit angefeuchteten Händen aus dem Fleischteig Bällchen (je etwa 40 g) formen und jedes etwas flach drücken. In einer Pfanne in reichlich erhitztem Fett von beiden Seiten in etwa 15 Min. knusprig braten. Faschierte Laiberl lassen sich ganz einfach abwandeln (S. 81).

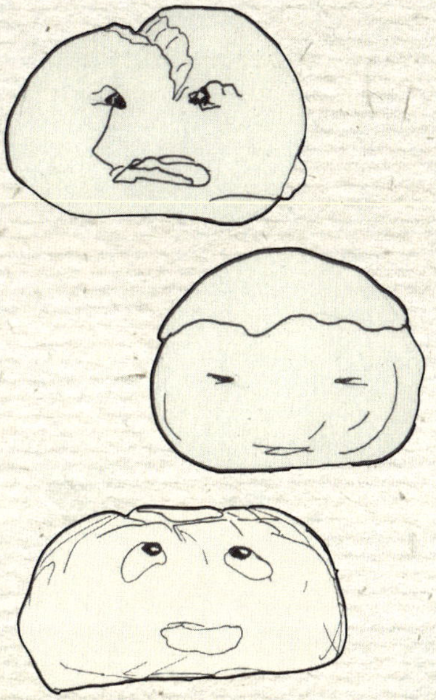

RINDFLEISCH KOCHEN

Ein schönes mageres Stück Rindfleisch (etwa 1,2 kg, am besten vom Mastochsen) in einen großen Topf mit bereits siedendem Wasser legen, damit sich die Poren sofort schließen. Sobald das Fleisch im Topf liegt, immer wieder den aufsteigenden Schaum abschöpfen (S. 12) und alles bei mittlerer Hitze etwa 1,5–2 Std. garen. In den letzten 30 Min. kommen noch klein geschnittenes Suppengemüse wie Karotten, Sellerie, Lauch, Zwiebel sowie Gewürze wie Lorbeerblatt und Pfefferkörner dazu. Gesalzen wird erst zum Schluss. Wenn das Fleisch schön zart ist, aus der Brühe heben und mit einer feinen Sauce, klassischerweise einer Kren-Obers-Sauce (Meerrettich-Sahne-Sauce) oder einer Schnittlauchsauce, servieren. Köstlich!

WIENER SCHNITZEL

Für die Petersilienerdäpfel:

800 g vorwiegend festkochende Erdäpfel
unbehandeltes Salz
2 EL Sauerrahmbutter
2 EL gehackte glatte Petersilie

Für die Schnitzel:

4 Kalbsschnitzel (je etwa 150 g)
unbehandeltes Salz, Pfeffer aus der Mühle
2 Eier
1 EL Sauerrahmbutter
4 EL Preiselbeeren
Mehl und Semmelbrösel zum Panieren
Butterschmalz zum Braten

Für 4 Personen
Zubereitungszeit: 35 Min.

1. Für die Petersilienerdäpfel die Erdäpfel schälen, waschen und je nach Größe halbieren oder vierteln. In ausreichend Salzwasser etwa 20 Min. gar kochen und abgießen.

2. Währenddessen die Schnitzel mit einem Fleischklopfer dünn klopfen (S. 66) und mit Salz und Pfeffer würzen. Die Eier in einem Suppenteller verquirlen, Mehl und Semmelbrösel in zwei weitere Teller füllen. Die Schnitzel zuerst im Mehl wenden und gut abklopfen, danach durch das Ei ziehen und zum Schluss in den Semmelbröseln wenden. Die Brösel leicht andrücken, überschüssige Brösel abschütteln.

3. Das Butterschmalz in einer großen Pfanne etwa 1 cm hoch erhitzen, sodass die Schnitzel darin schwimmen können. Die Schnitzel ins heiße Schmalz legen und die Pfanne vorsichtig hin- und herbewegen, damit die Panade Blasen werfen kann. Sobald eine Seite goldbraun ist, die Schnitzel wenden, die Hitze herunterschalten und die zweite Seite fertig braten. Herausnehmen und beiseitestellen.

4. Für die Petersilienerdäpfel in einer zweiten Pfanne die Butter aufschäumen und die gegarten Erdäpfel darin kurz mit Petersilie durchschwenken. Das Schmalz aus der Schnitzelpfanne abgießen und entfernen, die Butter darin zerlassen. Die Schnitzel von beiden Seiten kurz nachbraten und mit Petersilienerdäpfeln und Preiselbeeren servieren.

Tipp

Chinesische Panade für Schnitzel: Dafür **150 g Reiscracker** in einem Gefrierbeutel fein zerbröseln, mit **4 EL Semmelbröseln** mischen und anstelle der Semmelbrösel zum Panieren verwenden. Die Schnitzel dann in **Sonnenblumenöl** anstatt in Butterschmalz wie oben beschrieben zubereiten.

Grundrezepte

Rinderlendensteaks

je 1/2 Bund Schnittlauch, glatte Petersilie und Dill
1 Zweig Estragon
150 g weiche Sauerrahmbutter
unbehandeltes Salz, bunter Pfeffer
4 Rinderlendensteaks (mit Fettrand, je etwa 200 g)
Olivenöl zum Braten

Die Kräuter waschen und trocken schütteln, den Schnittlauch in Röllchen schneiden, den Rest fein hacken. Die weiche Butter schaumig rühren, die Kräuter dazugeben und die Kräuterbutter mit Salz und Pfeffer abschmecken.
Den Fettrand der Steaks alle 3 cm einschneiden, damit sich diese beim Braten nicht wölben. Die Steaks mit Salz und Pfeffer würzen. Etwas Öl in einer oder zwei großen Pfannen erhitzen oder eine Grillpfanne mit Öl einstreichen. Die Steaks darin von einer Seite scharf anbraten, wenden und bei schwacher Hitze nach Belieben noch 5–10 Min. braten.
Die Steaks zum Anrichten nochmals wenden und sofort vom Herd nehmen. Mit der Kräuterbutter servieren (Pfannenmitte).

Lammkoteletts

500 g Kirschparadeiser
1 Bund Rosmarin
8 Lammkoteletts (je etwa 200 g)
unbehandeltes Salz
Pfeffer aus der Mühle
Olivenöl zum Braten

Die Paradeiser waschen. Den Rosmarin waschen, trocken tupfen und die Nadeln abzupfen. Den Fettrand der Koteletts in der Mitte am Knochen entlang einschneiden, damit sich diese beim Braten nicht wölben. Mit Salz und Pfeffer würzen.
Die Koteletts wie oben bei den Rinderlendensteaks beschrieben braten. Zum Anrichten nochmals wenden, sofort vom Herd nehmen und warm stellen.
Dann die Paradeiser in die Pfanne geben und darin etwa 3 Min. braten, salzen und pfeffern. Den Rosmarin hinzufügen und etwa 1 Min. knusprig braten. Paradeiser und Rosmarin mit den Lammkoteletts servieren (in der Pfanne oben).

Schweinefiletspieße

2 Zwiebeln, 200 g durchwachsener Räucherspeck, in Scheiben
12 Schweinemedaillons (je etwa 60 g)
unbehandeltes Salz, Pfeffer aus der Mühle
Olivenöl zum Braten
Schaschlikspieße

Die Zwiebeln schälen und quer in dicke Scheiben schneiden. Vom Speck Schwarte und Knorpel entfernen und den Speck in etwa 4 x 4 cm große Stücke schneiden. Die Medallions abwechselnd mit Speck- und Zwiebelscheiben auf Spieße stecken. Dabei seitlich in das Fleisch stechen, damit die Schnittflächen gebraten werden können.
Die Spieße salzen und pfeffern. Etwas Öl in einer oder zwei Pfannen erhitzen und die Spieße darin von allen Seiten scharf anbraten. Zum Anrichten nochmals wenden und sofort vom Herd nehmen (in der Pfanne rechts). Dazu passt Apfelsauce (S. 72).

Rotwein-Schalotten-Sauce

200 g Schalotten
1 Thymianzweig
1 EL Sauerrahmbutter
100 ml Portwein
100 ml Rotwein
400 ml dunkler Kalbsfond (S. 26)

Schalotten schälen und in Spalten schneiden. Thymian waschen und trocken schütteln. Die Butter in einer Pfanne erhitzen und die Schalotten darin glasig dünsten, Thymian dazugeben.
Mit Portwein ablöschen und die Flüssigkeit vollständig einkochen lassen. Danach mit Rotwein ablöschen und diesen ebenfalls vollständig einkochen lassen. So bekommen Schalotten und Sauce einen kräftiges rundes Rotweinaroma.
Die Sauce mit Kalbsfond aufgießen und bei schwacher Hitze etwa 5 Min. kochen. Zum Servieren den Thymian entfernen. Die Rotwein-Schalotten-Sauce passt zu Rinderlendensteaks (S. 70).

Waldpilzrahmsauce

500 g gemischte Waldschwammerl
(z. B. Steinpilze, Maronen, Eierschwammerl)
1 EL Butterschmalz
1 Zwiebel, in Würfeln
unbehandeltes Salz, Pfeffer aus der Mühle
100 ml Weißwein
200 ml dunkler Kalbsfond (S. 26)
200 g Obers (Sahne)

Die Schwammerl gründlich putzen, die Eierschwammerl, falls nötig, waschen und gut abtropfen lassen. Die Schwammerl in Scheiben schneiden.
Das Butterschmalz in einer Pfanne erhitzen und die Zwiebel darin anbraten. Die Schwammerl dazugeben und mitbraten. Mit Salz und Pfeffer würzen. Mit Wein ablöschen und vollständig einkochen lassen.
Mit Kalbsfond aufgießen und bei schwacher Hitze etwa 5 Min. kochen lassen. Mit dem Obers verfeinern. Die Waldpilzrahmsauce passt zu Rinderlendensteaks (S. 70).

Apfelsauce

2 Äpfel
1 EL Sauerrahmbutter
1 Zwiebel, in Würfeln
4 cl Calvados
100 ml Weißwein
200 ml dunkler Kalbsfond (S. 26)
200 g Obers (Sahne)
1 EL gehackter Majoran

Die Äpfel waschen, achteln, schälen und das Kerngehäuse entfernen. Die Apfelspalten in Scheiben schneiden.
Die Butter in einer Pfanne erhitzen und die Zwiebel darin glasig dünsten. Die Äpfel dazugeben und kurz mitdünsten. Mit dem Calvados und dem Wein ablöschen und die Flüssigkeit vollständig einkochen lassen.
Mit Kalbsfond aufgießen und bei schwacher Hitze etwa 5 Min. kochen lassen. Mit dem Obers verfeinern. Zum Schluss den Majoran noch mit in die Sauce geben. Die Apfelsauce passt sehr gut zu Schweinefiletspießen (S. 70).

sarahwiener

KRUSTENBRATEN MIT SEMMELKNÖDELN

Für den Braten:

1 kg Schweineschulter (küchenfertig, Schwarte rautenförmig eingeschnitten)
unbehandeltes Salz, Pfeffer aus der Mühle
1 EL gemahlener Kümmel
2 Zwiebeln, in groben Würfeln
1 Karotte, in groben Würfeln
1/4 Sellerieknolle, in groben Würfeln
500 ml dunkles Bier (oder Wasser)

Für die Knödel:

8 Semmeln vom Vortag, in feinen Scheiben
250 ml heiße Mich
1 Zwiebel, in feinen Würfeln
1 EL Sauerrahmbutter
2 EL gehackte glatte Petersilie
2–3 Eier
unbehandeltes Salz, Pfeffer aus der Mühle
Muskatnuss
Semmelbrösel nach Bedarf

Für 4 Personen
Zubereitungszeit: 55 Min. + 2 Std. Braten

1. Für den Braten den Backofen auf 180 °C vorheizen. Das Fleisch mit Salz, Pfeffer und Kümmel würzen und in eine Reine legen. Zwiebeln, Karotte und Sellerie dazugeben und etwa 250 ml Wasser angießen.

2. Den Braten im heißen Ofen etwa 2 Std. braten, dabei etwa alle 15 Min. mit Bratfond übergießen. Nach Belieben Bier oder Wasser zugießen, damit genügend Sauce vorhanden ist und das Fleisch nicht austrocknet. Nach Ende der Garzeit mit einem Holzspieß in den Braten stechen. Ist kein Widerstand mehr spürbar, ist er gar. Falls nicht, noch 15 Min. im Ofen lassen und die Garprobe wiederholen.

3. Währenddessen für die Knödel die Semmeln in einer Schüssel mit der heißen Milch übergießen, mischen und etwa 15 Min. ziehen lassen. Inzwischen die Zwiebel in der Butter glasig dünsten. Zwiebel, Petersilie und Eier mit der Semmelmasse mischen und mit Salz, Pfeffer und 1 Prise Muskat würzen.

4. Ausreichend Salzwasser in einem großen Topf aufkochen. Aus der Knödelmasse mit angefeuchteten Händen einen Probeknödel formen, erst 5 Min. sprudelnd kochen, danach etwa 15 Min. bei schwacher Hitze gar ziehen lassen. Falls er zu fest ist, zum Teig noch 1 Ei dazugeben, wenn er zu locker ist, noch etwas Semmelbrösel hinzufügen. Aus dem Teig acht Knödel formen und wie beschrieben kochen.

5. Den Braten aus der Reine nehmen und warm stellen. Das Fett abschöpfen und kühl aufbewahren (innerhalb 1 Woche zum Kochen von Blaukraut oder Braterdäpfeln verwendbar). Die Sauce durch ein feines Sieb gießen und aufkochen. Den Braten in fingerdicke Scheiben schneiden und mit Sauce und Semmel- oder Erdäpfelknödeln (S. 143) servieren.

Braten spicken

GESPICKTE LAMMKEULE

1/2 Bund Rosmarin
1/2 Bund Thymian
1/2 Bund Oregano
3 Zwiebeln
1 Knolle Knoblauch
1 Lammkeule (etwa 2 kg, Knochen ausgelöst)
unbehandeltes Salz, Pfeffer aus der Mühle
1 EL getrocknete Lavendelblüten
Olivenöl zum Braten
Lammbrühe zum Aufgießen
Zahnstocher

Für 6–8 Personen
Zubereitungszeit: 30 Min. + 65–95 Min. Braten

1. Den Backofen auf 220 °C vorheizen. Rosmarin, Thymian und Oregano waschen und trocken schütteln. Die Zwiebeln waschen und in grobe Spalten schneiden. Den Knoblauch schälen und die Zehen herauslösen.

2. Die Keule rundum mit Salz und Pfeffer würzen. Dann mit der Innenseite nach oben auf ein Brett legen. Kräuter und Lavendelblüten auf die Stelle legen, an der vorher der Knochen war. Das Fleisch einschlagen, aufrollen und mit Zahnstochern feststecken. Die Keule mit Knoblauch spicken, dazu mit einem spitzen Messer von allen Seiten in die Keule stechen und die Knoblauchzehen in die Löcher stecken.

3. Das Fleisch im Bräter in etwas Öl von allen Seiten scharf anbraten. Zwiebeln dazugeben und den Braten im heißen Ofen etwa 10 Min. braten. Danach die Hitze auf 160 °C herunterschalten und die Keule noch in etwa 55 Min. rosa braten. Dabei etwa alle 15 Min. mit dem Bratfond übergießen. Gelegentlich etwas Brühe zugießen, damit genügend Sauce vorhanden ist und das Fleisch nicht austrocknet. Nach Belieben die Bratzeit bis zu etwa 30 Min. verlängern und das Fleisch durchbraten.

4. Den Braten aus dem Bräter nehmen und warm stellen. Die Sauce durch feines Sieb passieren und aufkochen. Zahnstocher entfernen, die Keule in fingerdicke Scheiben schneiden und mit der Sauce servieren. Dazu passt Ratatouille (S. 121).

Tipp

Probieren Sie einmal die Niedriggarmethode bei 70 °C, die Lammkeule eignet sich dazu sehr gut. Das Ergebnis ist ein wunderbarer zartrosa Braten. Dazu das Fleisch wie oben beschrieben vorbereiten und im Bräter von allen Seiten scharf anbraten. Den Backofen nur auf 70 °C vorheizen und die Lammkeule im heißen Ofen etwa 4 Std. gar ziehen lassen.

RINDERSCHMORBRATEN MIT WURZELWERK

Zum Einlegen:

1 kg Rindfleisch (z. B. Keule, Schulter, Bug)
2 Zwiebeln, in groben Würfeln
1 Karotte, in groben Würfeln
1/4 Sellerieknolle, in groben Würfeln
je 1/2 TL Pfeffer- und Pimentkörner
1 TL Wacholderbeeren
2 Nelken
1 Lorbeerblatt
750 ml Rotwein

Zum Schmoren:

unbehandeltes Salz, Pfeffer aus der Mühle
2 EL Olivenöl
2 EL Paradeisersauce (S. 154)
2 EL Mehl
Rinderbrühe (S. 14) zum Aufgießen

Für die Beilage:

1 Karotte, in Stiften
1/4 Sellerieknolle, in Stiften
1 kleine Stange Lauch, in Ringen
unbehandeltes Salz
1 EL Sauerrahmbutter
Pfeffer aus der Mühle
2 EL gehackte glatte Petersilie

Für 4 Personen
Zubereitungszeit: 55 Min. + 2 Std. Schmoren + 3 Tage Marinieren

1. Das Fleisch mit dem Gemüse und den Gewürzen in eine Schüssel geben. Mit Wein aufgießen und 3 Tage im Kühlschrank marinieren. Dabei das Fleisch alle 12 Std. wenden.

2. Zum Schmoren den Backofen auf 180 °C vorheizen. Das Fleisch aus der Marinade nehmen, trocken tupfen und mit Salz und Pfeffer würzen. Die Marinade durch ein Sieb gießen, den Wein dabei auffangen und das Gemüse beiseitestellen. Das Öl in einem Bräter erhitzen und das Fleisch darin von allen Seiten scharf anbraten. Das Fleisch herausnehmen und beiseitestellen. Das Mariniergemüse im Bräter ebenfalls scharf anbraten und die Paradeisersauce dazugeben. Das Mehl darüberstreuen und kurz anrösten, bis es eine bräunliche Farbe hat. Mit dem Wein von der Marinade ablöschen, die Sauce aufkochen und das Fleisch wieder hineinlegen.

3. Den Braten im heißen Ofen etwa 2 Std. schmoren, dabei etwa alle 15 Min. wenden. Gelegentlich etwas Brühe nachgießen, damit genügend Flüssigkeit für die Sauce vorhanden ist und das Fleisch nicht austrocknet. Nach Ende der Garzeit mit einem Holzspieß in das Fleisch stechen. Ist kein Widerstand mehr spürbar, ist der Braten gar. Falls nicht, noch etwa 15 Min. länger braten und die Garprobe wiederholen. Das Fleisch aus dem Bräter nehmen und warm stellen. Die Sauce durch ein feines Sieb in einen Topf streichen und aufkochen.

4. Inzwischen für die Beilage Karotte, Sellerie und Lauch in Salzwasser bissfest blanchieren, abgießen und eiskalt abschrecken. Das Gemüse in der Butter kurz andünsten, mit Salz und Pfeffer würzen und mit Petersilie bestreuen. Den Braten in Scheiben schneiden und mit Sauce und Gemüse anrichten. Dazu passen frisch gekochte Nudeln (S. 148).

FASCHIERTE LAIBERL MIT PAPRIKA UND SCHAFSKÄSE

1 Semmel vom Vortag
1 rote Paprikaschote
1 rote Chilischote
1/2 Bund Oregano
150 g Schafskäse
1 Zwiebel, in Würfeln
500 g gemischtes Faschiertes
(Gehacktes von Rind und Schwein)
1 Ei
unbehandeltes Salz, Pfeffer aus der Mühle
3 TL Paprikapulver edelsüß
Olivenöl zum Braten

Für 4 Personen
Zubereitungszeit: 25 Min. + 30 Min. Einweichen + 15 Min. Backen

1. Die Semmel in einer Schüssel in Wasser etwa 30 Min. einweichen. Danach in ein Sieb geben, gut ausdrücken und etwas zerpflücken. Den Backofen auf 180 °C vorheizen.

2. Paprika und Chili putzen und waschen, Paprika klein würfeln, Chili sehr fein hacken. Oregano waschen, trocken schütteln und fein hacken. Schafskäse in acht Stücke teilen. Zwiebel in 1 EL Öl glasig dünsten. Paprika und Chili dazugeben, etwa 5 Min. mitdünsten und etwas abkühlen lassen.

3. Faschiertes mit Ei, Semmel, Gemüse und Oregano mischen und mit Salz, Pfeffer und Paprikapulver würzen. Mit angefeuchteten Händen acht Laiberl formen, dabei je ein Stück Schafskäse in der Mitte mit Fleischteig gut umschließen.

4. Etwas Öl in einer großen Pfanne erhitzen und die Laiberl darin von beiden Seiten anbraten. Dann in eine ofenfeste Form setzen und im heißen Backofen etwa 15 Min. backen, damit das Faschierte richtig durchgebraten und die Füllung heiß ist. Nach Belieben die Laiberl zum Servieren wieder in die Pfanne setzen und mit dem Bratsatz servieren (im Bild oben).

+ VARIANTE FASCHIERTE LAIBERL MIT SARDELLEN

1 Semmel vom Vortag wie beschrieben vorbereiten. **4 eingelegte Sardellenfilets** und **2 EL Kapern** abspülen und hacken. **500 g gemischtes Faschiertes,** Semmel, **1 Ei, 2 EL gehackter Oregano,** Sardellen, Kapern, unbehandeltes **Salz, Pfeffer** aus der Mühle und **3 TL Paprikapulver (edelsüß)** zu einem Fleischteig mischen, kleine Bällchen daraus formen und nur in der Pfanne in **Olivenöl** knusprig braten (im Bild unten).

Schmorsauce herstellen

RINDERROULADEN

Für die Rouladen:

100 g durchwachsener Räucherspeck, in feinen Streifen
2 Zwiebeln, in Ringen
1 EL Butterschmalz
4 Zweige Majoran, Blättchen abgezupft
unbehandeltes Salz, Pfeffer aus der Mühle
4 Rinderrouladen (je etwa 200 g, küchenfertig)
2 EL scharfer Senf
2 Essiggurkerl, in Streifen
Zahnstocher

Zum Schmoren:

2 EL Olivenöl
2 Zwiebeln, in groben Würfeln
1 Karotte, in groben Würfeln
1/4 Sellerieknolle, in groben Würfeln
2–3 EL Paradeisersauce (S. 154)
2 EL Mehl
150 ml Rotwein
750 ml Rinderbrühe (S. 14)

Für 4 Personen
Zubereitungszeit: 45 Min. + 1 Std. Schmoren

1. Die Speckstreifen in Wasser blanchieren, abgießen und abtropfen lassen. Die Zwiebeln im heißen Schmalz glasig dünsten, den Majoran dazugeben und mit Salz und Pfeffer würzen. Die Zwiebeln beiseitestellen und etwas abkühlen lassen.

2. Die Fleischscheiben vorbereiten (S. 66), mit Senf bestreichen und mit Salz und Pfeffer würzen. Essiggurken, Speck und Zwiebeln auf dem Fleisch verteilen. Dabei einen je etwa 3 cm breiten Rand frei lassen, damit die Füllung beim Aufrollen nicht herausfällt. Die Ränder schmal einschlagen, die Rouladen aufrollen und mit Zahnstochern feststecken.

3. Die Rouladen in einem Topf im heißen Öl von allen Seiten scharf anbraten, herausnehmen und beiseitestellen. Das Gemüse im Topf ebenfalls scharf anbraten. Die Paradeisersauce dazugeben, das Mehl darüberstäuben und kurz anrösten. Alles mit Wein ablöschen und mit Brühe aufgießen.

4. Die Sauce aufkochen, die Rouladen hineinlegen und bei schwacher Hitze etwa 1 Std. schmoren. Dabei ab und zu umrühren und bei Bedarf etwas Wasser nachgießen. Nach Ende der Garzeit mit einem Holzspieß in die Rouladen stechen. Ist kein Widerstand mehr spürbar, sind sie gar. Falls nicht, noch 15 Min. schmoren. Die Rouladen aus dem Topf nehmen und warm stellen. Die Sauce durch ein feines Sieb gießen, kurz aufkochen und zu den Rouladen servieren.

Tipp

Eine tolle Füllung sind auch Pilze, getrocknete Paradeiser und Pinienkerne – mit 1 Scheibe dünnem Speck darunter. Dazu schmeckt ein Erdäpfelpüree: Dafür **1 kg mehligkochende Erdäpfel** schälen, in **Salzwasser** etwa 20 Min. kochen, abgießen und noch heiß zerstampfen. **2 EL Sauerrahmbutter** und **250 ml heiße Milch** unterrühren und mit **1 Prise Muskatnuss** würzen.

Grundtechniken

Umgang mit Geflügel

GEFLÜGEL VORBEREITEN

Vor allem für Geflügel gilt: nur Geflügel mit Bio-Label verwenden und Produkte aus Massentierhaltung unbedingt meiden. Nach dem Einkauf das Geflügel möglichst rasch und kühl transportieren, sofort in den Kühlschrank packen und noch am gleichen Tag zubereiten. Nach Möglichkeit nur frisches Geflügel und nichts Tiefgefrorenes verwenden. Das frische Geflügel erst einmal unter kaltem Wasser abspülen, dann mit Küchenpapier trocken tupfen. Das Geflügel immer (wegen der Salmonellengefahr!) auf ein absolut sauberes Küchenbrett legen und dieses nach der Zubereitung sofort mit heißem Wasser abwaschen. Das gilt auch für alle Geräte und Messer, die benutzt wurden. Außerdem: Geflügel niemals roh essen und immer gut durchgaren. Dabei nicht nur auf die im Rezept angegebenen Zeiten vertrauen, sondern selbst eine Garprobe machen. Geflügel ist erst gar, wenn sich das Fleisch von den Beinknochen löst und der beim Anstechen mit einer Gabel austretende Saft ganz klar ist.

GEFLÜGEL FÜLLEN

Zum Füllen sind Hähnchen ideal, da sie einen neutralen Fleischgeschmack haben, sodass die Füllung gut zur Geltung kommen kann. Als Füllung eignet sich zum Beispiel eine in lauwarmer Milch eingeweichte Semmel vom Vortag. Diese ausdrücken und mit Zwiebel- und Knoblauchwürfeln, Ei, gehackten Kräutern, klein geschnittener Hühnerleber, Käsewürfeln, Salz und Pfeffer verrühren und alles in die Bauchhöhle des Hähnchens füllen. Die Öffnung mit Zahnstochern oder Küchengarn verschließen. Das Hähnchen in einen Bräter setzen, mit flüssiger Sauerrahmbutter bestreichen und im auf 200 °C vorgeheizten Backofen in 40–50 Min. knusprig braten.

GEFLÜGEL ZERLEGEN (TRANCHIEREN)

Um Einzelteile eines Huhns zu bekommen oder ein gebratenes Hähnchen zu servieren, zerlegt man es mit einigen gekonnten Schnitten. Dazu ein scharfes Fleischmesser oder eine Geflügelschere benutzen. Jetzt erst einmal die Haut der Schenkel bis zum Gelenk durchschneiden und die Schenkel aus dem Gelenk drehen. Dann die Flügel am Schultergelenk abtrennen. Das Hähnchen mit dem Rücken nach oben auf das Brett legen und am Brustbein entlangschneiden. So tief schneiden, bis der Knochen zu spüren ist. Jetzt kann man die beiden Brustfilets herauslösen, die mit Haut angebraten werden. Oder man zieht die Haut vorher ab.

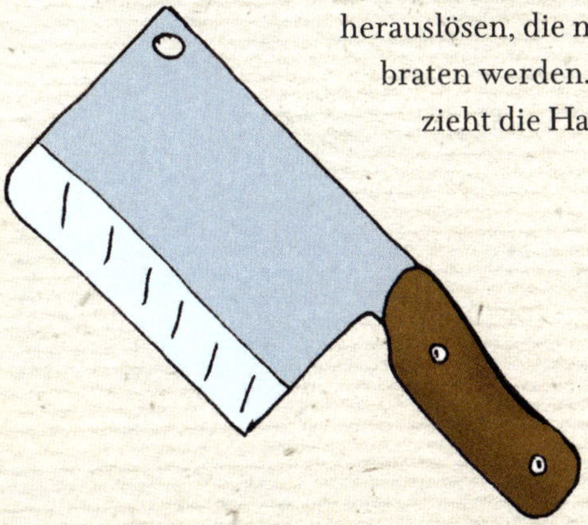

BACKHENDL ZUBEREITEN

Das Hähnchen wie links beschrieben zerlegen, waschen und mit Küchenpapier trocken tupfen. Alle Teile rundherum mit Salz und Pfeffer würzen. 2 Eier in einem Suppenteller verquirlen. Auf zwei weitere Teller Mehl und Semmelbrösel geben (siehe Panieren S. 66). Die Hähnchenteile zuerst im Mehl wenden, dann durch das verquirlte Ei ziehen, bis alle Stellen mit Ei bedeckt sind. Anschließend sorgfältig in den Semmelbröseln wenden, die Panade leicht abklopfen und die Bröselschicht vorsichtig andrücken. Die panierten Hähnchenteile in sehr heißem Fett (etwa 180 °C) in 12–15 Min. knusprig ausbacken. Oder in der Pfanne in reichlich Sauerrahmbutter ausbacken.

GESCHNETZELTES ZUBEREITEN

Für Geschnetzeltes sind Brustfilets von Pute oder Hähnchen ideal. Das Fleisch waschen, mit Küchenpapier trocken tupfen und auf einem sauberen Brett ausbreiten. Mit einem Fleischklopfer leicht plattieren. Dann mit einem scharfen Fleischmesser in etwa 1 cm breite Streifen schneiden. Öl in einer Pfanne erhitzen, das Geschnetzelte darin anbraten, Zwiebel- und Knoblauchwürfel dazugeben und mit etwas Weißwein ablöschen. Bei mittlerer Hitze 6–8 Min. garen, bis das Fleisch durchgebraten ist. Fertig!

Ente im Ofen braten

GEBRATENE ENTE MIT MARILLEN

1 Ente (etwa 3 kg, küchenfertig)
1 walnussgroßes Stück Ingwer
150 ml Sojasauce
Pfeffer aus der Mühle
1 EL Fenchelsamen
4 Nelken
3 Zwiebeln, in Spalten
1 Zimtstange
1 EL Sternanis
evtl. 250 ml Geflügelfond (S. 26)
750 g Marillen

Für 4–6 Personen
Zubereitungszeit: 40 Min. + 2,5 Std. Braten

1. Den Backofen auf 180 °C vorheizen. Die Ente innen und außen waschen, trocken tupfen und in einen Bräter legen. Den Ingwer waschen und in Scheiben schneiden. Die Sojasauce mit Pfeffer, Fenchel und Nelken verrühren und die Ente damit innen und außen einstreichen. Die restliche Marinade in den Bräter zugießen und Ingwer, Zwiebeln, Zimtstange und Sternanis mit in den Bräter geben.

2. Etwa 250 ml Wasser angießen und die Ente im heißen Ofen gut 2,5 Std. braten, dabei alle 15 Min. mit dem Bratfond übergießen. Gelegentlich etwas Geflügelfond angießen, damit genügend Flüssigkeit für die Sauce vorhanden ist und das Fleisch nicht austrocknet. Nach Ende der Garzeit mit einem Holzspieß seitlich in eine Entenkeule stechen. Ist kein Widerstand mehr spürbar, ist sie gar. Falls nicht, 15 Min. länger im Ofen lassen und die Garprobe wiederholen.

3. Inzwischen die Marillen waschen, halbieren und entkernen. Etwa 30 Min. vor Garzeitende die Marillen in den Bräter geben und mitbraten. Die fertige Ente aus dem Bräter nehmen und warm stellen. Marillen und Zwiebeln mit einer Schaumkelle herausnehmen und ebenfalls warm stellen. Das Fett abschöpfen und im Kühlschrank aufbewahren. Marillen und Zwiebeln zurück in die Sauce geben. Die Ente zerlegen (S. 85) und mit der Sauce servieren. Dazu passt Reis (S. 126).

Tipp

Anstelle der Marillen schmecken auch Pflaumen zur Ente. Oder für eine ganz klassisch zubereitete Ente nur Äpfel, Zwiebeln, Majoran, Salz und Pfeffer mitbraten und mit Erdäpfelknödeln (S. 143) servieren. Das abgeschöpfte Entenfett lässt sich noch zum Kochen von Blaukraut oder Braten von Erdäpfeln verwenden.

PAPRIKAHÄHNCHEN

2 EL Paprikapulver edelsüß
1 Prise Cayennepfeffer
1 TL gemahlener Kreuzkümmel
unbehandeltes Salz, Pfeffer aus der Mühle
1/2 Bund glatte Petersilie
1 Huhn (etwa 1,2 kg, küchenfertig)
1 EL Sauerrahmbutter
grobes unbehandeltes Salz für das Blech

Für 4 Personen
Zubereitungszeit: 15 Min. + 45 Min. Braten

1. Den Backofen auf 180 °C vorheizen. Ein Backblech etwa 1 cm hoch mit grobem Salz füllen und das Ofengitter darüberlegen. Paprikapulver, Cayenne, Kreuzkümmel, Salz und Pfeffer mischen. Die Petersilie waschen und trocken schütteln.

2. Das Hähnchen innen und außen waschen, trocken tupfen und innen und außen mit der Gewürzmischung einreiben. Petersilie und Butter in die Bauchhöhle geben, das Hähnchen auf das Gitter setzen und im heißen Ofen in etwa 45 Min. knusprig braten. Tritt aus der Bauchhöhle klarer Fleischsaft aus, ist das Hähnchen fertig. Falls der Fleischsaft noch trüb ist, das Hähnchen noch etwa 10 Min. im Ofen lassen. Zum Servieren das Hähnchen (im Bild) zerlegen beziehungsweise tranchieren (S. 85). Dazu passt ein Erdäpfelsalat (S. 43).

GEFLÜGELSALAT MIT ORANGE

1 gegartes Paprikahähnchen (siehe oben)
2 EL Kürbiskerne
2 Orangen
3 EL Mayonnaise (S. 60)
150 g Joghurt
unbehandeltes Salz, Pfeffer aus der Mühle

Für 4 Personen
Zubereitungszeit: 30 Min.

1. Das gebratene Hähnchen häuten, das Fleisch auslösen und in mundgerechte Stücke schneiden. Die Kürbiskerne in einer Pfanne ohne Fett rösten, dabei ständig wenden. Die Orangen schälen und die Orangenfilets mit einem scharfen Messer herausschneiden, dabei den Saft auffangen.

2. Die Mayonnaise mit Joghurt und aufgefangenem Orangensaft zu einem Dressing verrühren und mit Salz und Pfeffer würzen. Das Hähnchenfleisch, die Orangenfilets und die Kürbiskerne mit dem Dressing mischen (ohne Abbildung). Dazu passt frisches Weißbrot. Der Geflügelsalat eignet sich ideal, um übrig gebliebenes Fleisch von einem gekochten Suppenhuhn oder gebratenen Hähnchen zu verwenden.

Hähnchen im Topf schmoren

GESCHMORTES ROTWEINHUHN

200 g Schalotten
2 Karotten
2 Stangen Sellerie
150 g durchwachsener Räucherspeck (am Stück)
1/2 Bund Thymian
1 Hähnchen (etwa 1,2 kg, küchenfertig)
unbehandeltes Salz, Pfeffer aus der Mühle
2 EL Olivenöl
2 EL Paradeisersauce
2 EL Mehl
500 ml Rotwein
500 ml Hühnerbrühe (S. 14)
1 Lorbeerblatt
250 g Champignons

Für 4 Personen
Zubereitungszeit: 50 Min. + 45 Min. Schmoren

1. Die Schalotten und Karotten schälen, den Sellerie putzen und waschen und Karotten und Sellerie in Scheiben schneiden. Vom Speck Schwarte und Knorpel entfernen und beiseitelegen, den Speck in Streifen schneiden. Den Thymian waschen und trocken schütteln. Das Hähnchen innen und außen waschen, trocken tupfen, mit den Knochen in acht Teile zerlegen (S. 85) und diese mit Salz und Pfeffer würzen.

2. Das Öl in einem großen Topf erhitzen und die Hähnchenstücke darin von allen Seiten scharf anbraten, herausnehmen und beiseitestellen. Gemüse, Speck, Schwarte und Knorpel in den Topf geben und ebenfalls scharf anbraten. Die Paradeisersauce hinzufügen. Das Mehl darüberstreuen und kurz anrösten, bis es eine bräunliche Farbe hat.

3. Alles mit Wein ablöschen und mit der Brühe aufgießen. Die Sauce aufkochen und die Hähnchenstücke hineinlegen. Die Thymianzweige und das Lorbeerblatt dazugeben und das Hähnchen bei schwacher Hitze etwa 45 Min. schmoren lassen. Dabei gelegentlich umrühren.

4. Inzwischen die Champignons putzen und halbieren. Kurz vor Ende der Garzeit in die Sauce geben und einmal mit aufkochen. Zum Servieren die Speckschwarte und die Knorpel aus der Sauce entfernen. Dazu passt Weißbrot.

+ VARIANTE HUHN IN WEISSWEIN

Das Hähnchen und das Gemüse wie oben beschrieben ohne Paradeisersauce zubereiten und den Rotwein durch **Weißwein** ersetzen. **1 TL abgeriebene Bio-Zitronenschale** und **2 EL Zitronensaft** am Schluss in die Sauce geben, das ergibt einen frischen, säuerlichen Geschmack und rundet das Gericht wunderbar ab. Dazu passt Reis (S. 126).

Helle Sauce herstellen

HÜHNERFRIKASSEE MIT MANDELREIS

Für das Frikassee:

750 ml frisch gekochte Hühnerbrühe mit Suppenhuhn (S. 14)
2 EL Sauerrahmbutter
1 Zwiebel, in Würfeln
2 EL Mehl
100 ml Weißwein
1 TL abgeriebene Bio-Zitronenschale
Saft von 1/2 Zitrone
200 g Obers (Sahne)
1 Karotte
1/2 Bund grüner Spargel
300 g frische Erbsenschoten
150 g Champignons
unbehandeltes Salz

Für den Mandelreis:

1 EL Sonnenblumenöl
1 Zwiebel, in Würfeln
250 g Langkornreis
400 ml Hühnerbrühe (S. 14)
100 g Mandelstifte

Für 4 Personen
Zubereitungszeit: 1 Std.

1. Für das Frikassee das gekochte Suppenhuhn aus der Brühe nehmen und häuten. Das Fleisch von den Knochen lösen und in mundgerechte Stücke schneiden.

2. Die Butter in einem Topf zerlassen und die Zwiebel darin glasig dünsten. Das Mehl darüberstäuben und kurz mitschwitzen. Mit dem Wein und der Brühe aufgießen, dabei mit einem Schneebesen gut rühren, damit sich keine Mehlklümpchen bilden und die Sauce nicht anbrennt. Die Sauce bei schwacher Hitze etwa 15 Min. köcheln lassen und zum Schluss mit Zitronenschale und -saft sowie Obers verfeinern.

3. Inzwischen die Karotte schälen und in Scheiben schneiden. Den Spargel waschen, das untere Drittel schälen, holzige Enden abschneiden und die Stangen in mundgerechte Stücke schneiden. Erbsenschoten längs aufbrechen und die Erbsen herauslösen. Die Champignons putzen und vierteln. Das Gemüse in Salzwasser nacheinander bissfest blanchieren, abgießen, eiskalt abschrecken und abtropfen lassen.

4. Für den Mandelreis das Öl in einem Topf erhitzen und die Zwiebel darin glasig dünsten. Den Reis dazugeben und mitbraten, bis er knistert. Die Brühe zugießen, einmal aufkochen, umrühren und den Reis zugedeckt bei schwacher Hitze etwa 15 Min. gar ziehen lassen.

5. Inzwischen die Mandeln in einer Pfanne ohne Fett unter Rühren leicht rösten und in den Topf zum gegarten Reis geben. Das feine Mandelaroma verbindet sich so mit dem würzigen Reis. Zum Servieren Fleisch- und Gemüsestücke in die helle Sauce geben und kurz aufkochen lassen. Das Hühnerfrikassee mit dem Mandelreis anrichten.

Grundtechniken

Umgang mit Fisch und Muscheln

MIESMUSCHELN PUTZEN

In vielen Fischgeschäften bekommt man Miesmuscheln bereits fertig geputzt für den Topf. Falls nicht, unbedingt vorher die Barthaare – also die Haftfäden, mit denen sich die Tiere an Pfähle oder Felsen heften – mit Daumen und Zeigefinger packen und von der Muschel abziehen oder mit einem spitzen Messer entfernen. Dann die Muscheln unter fließendem kalten Wasser waschen und mit einer Gemüsebürste abbürsten, um Sand- und Kalkreste zu entfernen.

MUSCHELN GAREN

Für 4 Personen benötigt man ungefähr 4 kg Muscheln. Da immer einige aussortiert werden müssen, am besten gleich ein paar mehr kaufen. Die Muscheln mit kaltem Wasser ganz bedecken und 15 Min. stehen lassen. Dann das Wasser abgießen und die Muscheln nochmals gründlich mit kaltem Wasser waschen. Bereits geöffnete Exemplare aussortieren und wegwerfen, denn sie sind ungenießbar. Etwas gewürfeltes Gemüse in einem großen breiten Topf in Öl andünsten. Die fest geschlossenen, gesäuberten Muscheln in den Topf geben, Kräuter und Gewürze wie Knoblauchzehen, Thymianzweige und Lorbeerblatt dazugeben und alles mit bis zu 1 l Weißwein aufgießen. Den Topf schließen und die Muscheln etwa 10 Min. garen. Danach alle noch geschlossenen Muscheln wegwerfen (sie sind ebenfalls ungenießbar). Alle anderen Muscheln mit dem Sud und Weißbrot servieren.

FISCHFILETS BRATEN

Vor allem Fischfilets von Fischen aller Art lassen sich gut in der Pfanne braten. Dazu das Fischfilet kurz waschen und mit Küchenpapier trocken tupfen. Auf ein Brett legen, nach eventuell noch vorhandenen Gräten absuchen und diese mit einer Grätenpinzette (es geht auch gut mit einer kleinen Zange vom Baumarkt) aus dem Filet ziehen. Das Filet wenig salzen und pfeffern. Öl, Sauerrahmbutter oder Butterschmalz in einer breiten Pfanne erhitzen, die Filets nebeneinander hineinlegen und auf jeder Seite bei mittlerer Hitze je nach Dicke des Filets 2–4 Min. braten. Fertig!

FISCH IN DER FOLIE GAREN

Dazu sind ganze Forellen oder Saiblinge ideal, die bereits beim Fischhändler ausgenommen wurden. Die Fische sollten ganz frisch sein: Also eine schöne Schleimschicht, pralle Haut und klare Augen aufweisen. Die Fische innen und außen waschen. Jeweils 1 Fisch auf ein ausreichend großes Stück Alufolie legen und von allen Seiten sowie in der Bauchöffnung leicht salzen. In den Bauch kommen Zweige von frischem Majoran (oder anderen Kräutern wie Thymian oder Estragon) und jeweils 1 Stück Sauerrahmbutter. Den Fisch in der Folie einschlagen, sodass er nicht herausfallen kann. Im heißen Backofen bei 180 °C etwa 20 Min. garen. Mein Tipp: Genauso lassen sich ganze Fische auch in Backpapier garen (S. 101).

FISCH UND MEERESFRÜCHTE FRITTIEREN

Richtig lecker schmecken kleine Fischfiletstücke, Garnelen oder Tintenfischringe in knuspriger Teighülle. Dazu erst einmal einen Ausbackteig herstellen, denn die Teighülle schützt beim Frittieren und der Fisch bleibt saftig. Gut passt ein klassischer Fish & Chips-Bierteig aus 1 Eidotter, 500 ml Bier, 170 g Mehl, 2 EL flüssiger Sauerrahmbutter, 1 Spritzer Tabasco und etwas edelsüßem Paprikapulver. Alles verrühren, die vorbereiteten Fischstücke, Tintenfischringe oder Garnelen in den Ausbackteig tunken, abtropfen lassen und in reichlich heißem Öl im Topf oder in der Fritteuse knusprig ausbacken. Auf Küchenpapier abtropfen lassen und mit einer köstlichen selbst gemachten Mayonnaise (S. 60) oder Remouladensauce (S. 37) servieren. Mein Tipp: In diesem Bierteig kann man auch gut ganze Fischfilets wenden und in Öl in der Pfanne braten. Wer mag, findet im Buch auch einen Ausbackteig ohne Bier (S. 103 oben).

MUSCHELN MIT FENCHEL

2 kg Venusmuscheln
2 Fenchelknollen
1 Zwiebel, in Ringen
3 EL Olivenöl
1 TL Fenchelsamen
4 cl Pernod (nach Belieben)
unbehandeltes Salz, Pfeffer aus der Mühle

Für 4 Personen
Zubereitungszeit: 35 Min.

1. Zum Säubern die Muscheln mit kaltem Wasser bedecken und 15 Min. stehen lassen. Das Wasser abgießen und die Muscheln nochmals gründlich mit kaltem Wasser waschen, dabei bereits geöffnete Muscheln wegwerfen (S. 94).

2. Fenchel waschen und putzen, Fenchelgrün fein hacken und beiseitestellen. Den Strunk entfernen und die Knollen in Streifen schneiden. Die Zwiebelringe im heißen Öl glasig dünsten, Fenchel und Fenchelsamen dazugeben und mitdünsten.

3. Das Gemüse nach Belieben mit Pernod ablöschen, Muscheln dazugeben und zugedeckt etwa 10 Min. kochen, dabei häufig umrühren. Noch geschlossene Muscheln nach dem Kochen ebenfalls wegwerfen. Zum Servieren die Muscheln salzen und pfeffern, mit dem Fenchelgrün bestreuen und mit dem Sud anrichten (im Bild). Dazu passt frisches Weißbrot.

MUSCHELN MIT PARADEISERN

2 kg Miesmuscheln
3 Ochsenherzparadeiser
1 rote Chilischote
2 Zwiebeln, in Ringen
3 EL Olivenöl
1 TL gemahlene Kurkuma
unbehandeltes Salz, Pfeffer aus der Mühle

Für 4 Personen
Zubereitungszeit: 40 Min.

1. Die Muscheln 15 Min. kalt wässern, dann abgießen. Eventuell die Barthaare entfernen. Die Muscheln nochmals mit kaltem Wasser waschen, bereits geöffnete wegwerfen (S. 94).

2. Paradeiser waschen, die Stielansätze entfernen und das Fruchtfleisch klein würfeln. Chili putzen, waschen und fein schneiden. Zwiebeln im heißen Öl glasig dünsten. Kurkuma, Paradeiser und Chili dazugeben und alles etwa 5 Min. kochen.

3. Die Muscheln dazugeben und etwa 10 Min. kochen, dabei häufig umrühren. Noch geschlossene Muscheln nach dem Kochen ebenfalls wegwerfen. Zum Servieren die Muscheln salzen, pfeffern und mit dem Sud anrichten (ohne Abbildung). Dazu passt frisches Weißbrot.

SCHOLLENFILETRÖLLCHEN MIT SAUERAMPFERSAUCE

2 große Schollenfilets (je etwa 500 g, küchenfertig)
Saft von 1/2 Zitrone
unbehandeltes Salz, Pfeffer aus der Mühle
1 Bund Sauerampfer
800 g Karotten
3 EL Sauerrahmbutter
2 Zwiebeln, in Würfeln
400 ml Mineralwasser
100 ml Weißwein
250 ml Fischbrühe (S. 14)
200 g Schmand
Mehl zum Wenden
Olivenöl zum Braten
Zahnstocher

Für 4 Personen
Zubereitungszeit: 50 Min.

1. Die Fischfilets waschen, trocken tupfen und längs in acht Filets schneiden. Mit Zitronensaft beträufeln und mit Salz und Pfeffer würzen. Zu Röllchen aufwickeln und mit Zahnstochern feststecken, so bleibt der Fisch beim Braten schön saftig. Den Sauerampfer waschen und trocken schütteln. Einige Blättchen für die Garnitur in feine Streifen schneiden, den Rest grob zerpflücken.

2. Die Karotten schälen und in Scheiben schneiden. 2 EL Butter in einem Topf erhitzen und 1 Zwiebel darin glasig dünsten. Die Karotten dazugeben und mitdünsten. Alles mit dem Mineralwasser aufgießen, mit wenig Salz würzen und bei schwacher Hitze in etwa 10 Min. bissfest garen.

3. Inzwischen für die Sauce die übrige Butter erhitzen und die restliche Zwiebel darin glasig dünsten. Mit Wein ablöschen, einkochen lassen und die Brühe zugießen. Alles aufkochen, mit Schmand mischen und mit Salz und Pfeffer würzen.

4. Die Röllchen im Mehl wenden, dabei überschüssiges Mehl abklopfen, und in einer Pfanne in wenig Öl von allen Seiten in etwa 5 Min. goldbraun braten. Herausnehmen und warm stellen. Zum Servieren den zerpflückten Sauerampfer in die Schmandsauce geben, kurz aufkochen und mit dem Stabmixer pürieren. Die Röllchen mit Karotten und Sauce anrichten und mit den Sauerampferstreifen bestreuen.

Tipp

Wenn man die feinen Fischfilets vor dem Braten in etwas Mehl wendet, können sie in der Pfanne nicht so leicht auseinanderfallen und kleben bleiben. Zum Wenden kann man auch Kichererbsenmehl, Polenta oder Couscous nehmen.

FORELLE MIT WURZELWERK

1 kleine Stange Lauch
1 Karotte
1/4 Sellerieknolle
unbehandeltes Salz, Pfeffer aus der Mühle
1 Bund Dill
1 Bund glatte Petersilie
4 Forellen (je etwa 300 g, küchenfertig)
2 EL Sauerrahmbutter
150 ml Weißwein
1/2 Stange Kren
Sauerrahmbutter für das Backpapier

Für 4 Personen
Zubereitungszeit: 20 Min. + 20 Min. Backen

1. Den Backofen auf 180 °C vorheizen. Den Lauch putzen und waschen, die Karotte und den Sellerie schälen. Alles in feine Streifen schneiden und mit Salz und Pfeffer würzen. Dill und Petersilie waschen und trocken schütteln.

2. Vier Stück Backpapier buttern und die Hälfte der Gemüsestreifen darauf verteilen. Forellen waschen, innen und außen salzen und pfeffern und mit Dill und Petersilie füllen. Auf das Gemüsebett legen, das übrige Gemüse darüber verteilen. Die Butter in Flöckchen daraufsetzen und den Wein darüberträufeln.

3. Das Backpapier über den Forellen jeweils zu einem luftdichten Päckchen verschließen. Die Fische auf einem Backblech im heißen Ofen etwa 20 Min. garen. Inzwischen den Kren schälen, fein reiben und zu den Forellen im Papier servieren (im Bild). Dazu passen Petersilienerdäpfel (S. 68).

FORELLE MIT PARADEISERN

500 g Kirschparadeiser
2 Bio-Zitronen
1/2 Bund Thymian
1 Bund glatte Petersilie
4 Forellen (je etwa 300 g, küchenfertig)
unbehandeltes Salz, Pfeffer aus der Mühle
4 Lorbeerblätter
2 EL Sonnenblumenöl
150 ml Weißwein
Olivenöl für das Backpapier

Für 4 Personen
Zubereitungszeit: 15 Min. + 20 Min. Backen

1. Den Backofen auf 180 °C vorheizen. Die Paradeiser und die Zitronen waschen und die Zitronen in Scheiben schneiden. Thymian und Petersilie waschen und trocken schütteln. Vier Stück Backpapier mit Öl einstreichen und die Zitronen sowie die Hälfte der Kräuter darauf verteilen. Die Forellen waschen, innen und außen salzen und pfeffern und mit den übrigen Kräutern und den Lorbeerblättern füllen.

2. Die Forellen auf das Kräuterbett legen, die Paradeiser daraufsetzen, salzen und pfeffern und mit Öl und Wein beträufeln. Das Backpapier über den Forellen jeweils zu einem luftdichten Päckchen verschließen. Die Forellen auf einem Backblech im heißen Ofen etwa 20 Min. garen. Herausnehmen und im Backpapier servieren (ohne Abbildung).

FRITTO MISTO

150 g Mehl
1 EL Speisestärke
1/2 TL Backpulver
1/2 TL Natron
unbehandeltes Salz, Pfeffer aus der Mühle
2 Zucchini
2 Süßkartoffeln
12 Garnelen (geschält mit Schwanz, küchenfertig)
250 g festes Fischfilet (ohne Haut, küchenfertig, z. B. Dorade)
250 g Kalamare (küchenfertig)
Saft von 1/2 Zitrone
Sonnenblumenöl zum Frittieren
Bio-Zitronenspalten zum Servieren

Für 4 Personen
Zubereitungszeit: 40 Min.

1. Das Mehl mit Stärke, Backpulver, Natron, Salz und Pfeffer in einer Schüssel mischen und mit 350 ml eiskaltem Wasser zu einem flüssigen Ausbackteig verrühren. Die Zucchini putzen und waschen, die Süßkartoffeln schälen. Beides in dünne Scheiben schneiden, salzen und pfeffern.

2. Die Garnelen und Fischfilets waschen und trocken tupfen, den Fisch in mundgerechte Stücke schneiden. Die Fangarme der Kalamare abtrennen und die Tuben in Ringe schneiden. Fisch, Kalamare und Garnelen mit Zitronensaft beträufeln und mit Salz und Pfeffer würzen.

3. Ausreichend Öl in einem großen Topf erhitzen. Nacheinander Gemüse, Fisch, Kalamare und Garnelen in den Ausbackteig tauchen, kurz abtropfen lassen und portionsweise im heißen Öl etwa 5 Min. frittieren. Auf Küchenpapier abtropfen lassen und mit den Zitronenspalten servieren (im Bild).

BACKFISCH MIT ZITRONE

2 Eier
150 g Mehl
150 ml Bier (nach Belieben)
unbehandeltes Salz, Pfeffer aus der Mühle
600 g festes Fischfilet (ohne Haut, küchenfertig, z. B. Dorade)
Saft von 1/2 Zitrone
Mehl zum Wenden
Sonnenblumenöl zum Frittieren
Bio-Zitronenspalten zum Servieren

Für 4 Personen
Zubereitungszeit: 30 Min.

1. Die Eier trennen (S. 50), das Eiklar zu Schnee schlagen, die Eidotter mit Mehl und Bier zu einem zähflüssigen Ausbackteig verrühren. Mit Salz und Pfeffer würzen und den Eischnee unterheben. Den Fisch waschen, trocken tupfen, mit Zitronensaft beträufeln und mit Salz und Pfeffer würzen.

2. Etwas Mehl auf einen Teller geben und die Fischfilets darin wenden, überschüssiges Mehl abklopfen (so bleibt der Ausbackteig besser am Fisch haften). Ausreichend Öl in einem großen Topf erhitzen. Den Fisch in den Ausbackteig tauchen, abtropfen lassen und portionsweise im heißen Öl etwa 5 Min. frittieren. Auf Küchenpapier abtropfen lassen und mit Zitronenspalten servieren (ohne Abbildung).

FISCHSTÄBCHEN MIT POMMES FRITES

1 Semmel vom Vortag
400 g Lachsfilet (ohne Haut, küchenfertig)
1 Bund Dill
3 Eier
Saft von 1/2 Zitrone
2 EL Semmelbrösel
unbehandeltes Salz, Pfeffer aus der Mühle
800 g vorwiegend festkochende Erdäpfel
grobes Salz
Semmelbrösel zum Panieren
Sonnenblumenöl zum Frittieren und Braten

Für 4 Personen
Zubereitungszeit: 55 Min.

1. Die Semmel in Wasser etwa 30 Min. einweichen. Danach in ein Sieb geben, gut ausdrücken und etwas zerpflücken. Inzwischen das Lachsfilet waschen, trocken tupfen und durch die grobe Scheibe des Fleischwolfs drehen oder sehr fein schneiden. Dill waschen, trocken schütteln und fein hacken.

2. Den Lachs mit 1 Ei, Dill, Zitronensaft, Semmelbröseln und eingeweichter Semmel mischen und mit Salz und Pfeffer würzen. Aus der Lachsmasse mit angefeuchteten Händen etwa daumengroße Fischstäbchen formen. Die Erdäpfel schälen, waschen und in Spalten schneiden. Dann in ein Küchentuch geben und damit gut abtrocknen.

3. In einem Suppenteller die übrigen Eier verquirlen. In einen anderen Teller Semmelbrösel zum Panieren geben. Die Fischstäbchen zuerst durch das Ei ziehen und danach in den Semmelbröseln wenden. Die Panade leicht andrücken und überschüssige Brösel abschütteln (S. 66).

4. Ausreichend Öl in einem großen Topf zum Frittieren erhitzen (etwa 160 °C). Die Erdäpfel portionsweise im heißen Öl etwa 5 Min. hellgelb frittieren und dabei durchgaren. Mit einem Drahtlöffel herausnehmen und abtropfen lassen. Danach das Öl auf 180 °C erhitzen. Die Erdäpfel nochmals portionsweise im Öl in etwa 3 Min. goldbraun und knusprig frittieren. Wieder mit dem Drahtlöffel herausnehmen und auf Küchenpapier abtropfen lassen. Vor dem Servieren mit grobem Salz bestreuen.

5. Inzwischen wenig Öl in einer großen Pfanne erhitzen und die Fischstäbchen darin von allen Seiten in etwa 5 Min. goldbraun braten. Herausnehmen und mit den Pommes frites servieren. Dazu passt Tartaren-Sauce (S. 60, im Bild rechts).

Grundtechniken

Umgang mit Gemüse

ZWIEBEL SCHNEIDEN

Zu den absoluten Koch-Basics gehört das Schneiden von Zwiebeln. Dazu die Zwiebel zunächst einmal von der äußeren Schale befreien. Dann längs halbieren und mit der Schnittfläche nach unten auf ein Brett legen. Jetzt die Zwiebel der Länge nach mehrmals im Abstand von jeweils etwa 5 mm einschneiden, sodass sie am Wurzelende noch zusammenhängt. Dann mehrere Querschnitte machen (je mehr Querschnitte, desto feiner werden die Würfelchen) und die Zwiebel mit einem breiten Küchenmesser in Würfel schneiden. Mein Tipp: Knoblauchzehen lassen sich auf die gleiche Weise würfeln.

KAROTTEN WÜRFELN

Von den Karotten jeweils das Wurzelende und die Spitze abschneiden und dann am besten mit einem Sparschäler schälen. Die Karotten längs in feine Scheiben schneiden, dann die Scheiben übereinanderlegen und der Länge nach in Streifen schneiden (nennt man auch »Julienne«). Die Streifen quer in feine Würfel schneiden.

KNOLLENSELLERIE VORBEREITEN

Kleinere Knollen im Ganzen mit einem Sparschäler oder Messer schälen, größere vorher halbieren oder vierteln. Dann nach Belieben unter fließendem Wasser gründlich waschen. Den Sellerie zum Beispiel für einen Rohkostsalat auf einem Gemüsehobel oder in der Küchenmaschine raspeln. Als Einlage für eine Suppe oder andere Gerichte den Sellerie in feine Streifen oder Würfel schneiden.

HÜLSENFRÜCHTE VORBEREITEN

Frische Hülsenfrüchte wie grüne Bohnen oder Erbsen muss man lediglich putzen, bevor sie gekocht werden. Das heißt, von grünen Bohnen die Enden abschneiden und frische Erbsen aus den Schoten herauslösen und je nach Rezept garen. Getrocknete Hülsenfrüchte wie Erbsen, Bohnenkerne oder Kichererbsen in einer Schüssel mit reichlich kaltem Wasser 8–12 Std. (am besten über Nacht) einweichen, dann in ein Sieb abgießen (das Einweichwasser nicht mehr verwenden). Jetzt kann man sie nach Rezept garen. Mein Tipp: Rote Linsen sind ideal für die schnelle Küche. Weil es sich bei ihnen um bereits geschälte Linsenkerne handelt, muss man sie weder einweichen noch lange garen (S. 125).

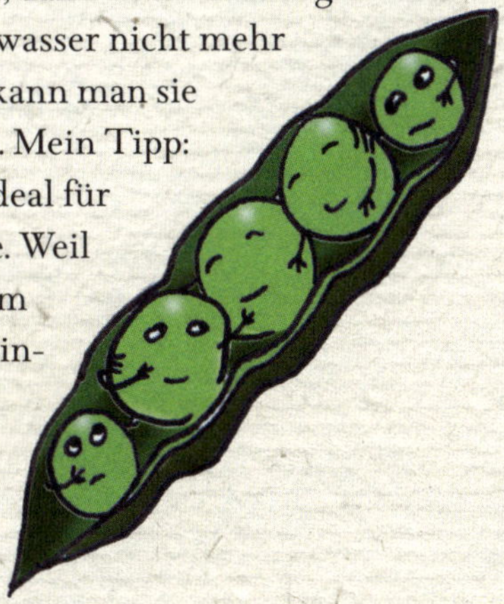

ROTE BETE VORGAREN

Von den Rote Beten Wurzeln und Blätter entfernen, dann gründlich unter fließendem Wasser waschen. In einen großen Topf geben und mit reichlich Salzwasser bedecken. Die Knollen in etwa 45 Min. weich garen. Danach schälen (Achtung, die rote Farbe färbt ab!) und in Würfel oder Scheiben schneiden. Rote Bete kann man genauso gut auch roh schälen (Achtung Farbe!) und für einen Salat als Rohkost reiben oder klein geschnitten weiterverarbeiten.

PARADEISER HÄUTEN

Vor allem für feine Suppen und Saucen, aber auch für viele andere Gerichte, sollten Paradeiser gehäutet und entkernt werden. Dazu zunächst den Stielansatz keilförmig aus dem Paradeiser schneiden. Dann die Paradeiserhaut mit einem scharfen Messer kreuzförmig einritzen. Die Paradeiser in kochendes Wasser geben und so lange darin lassen (10–20 Sek.), bis die Haut aufplatzt. Dann aus dem Wasser heben und kalt abschrecken. Jetzt lässt sich die Haut mit einem Messer leicht abziehen. Anschließend die Paradeiser halbieren oder vierteln und entkernen.

PAPRIKASCHOTEN VORBEREITEN

Die Schoten halbieren, den Stielansatz abschneiden und die inneren dünnen Trennwände sowie die Kerne entfernen. Dann die Paprikahälften waschen und entweder gleich in Streifen schneiden oder vorher noch mal vierteln, damit die Streifen kürzer werden. Oder, je nach Verwendung, das Fruchtfleisch in Stücke schneiden.

PAPRIKA-AUBERGINEN-DIP

500 g rote Spitzpaprikaschoten
1 Aubergine
1 rote Chilischote
1 EL Olivenöl
unbehandeltes Salz, Pfeffer aus der Mühle

Für 4 Personen
Zubereitungszeit: 20 Min. + 25 Min. Grillen + 15 Min. Abkühlen

1. Den Backofen auf 220 °C vorheizen. Ein Backblech mit Backpapier auslegen. Paprika und Aubergine waschen. Die Aubergine mit einer Gabel rundherum einstechen, damit die Haut beim Grillen nicht platzt. Aubergine und Paprika auf das Blech setzen und im heißen Ofen etwa 25 Min. grillen, bis die Haut der Paprika schwarze Stellen bekommen hat und die Aubergine richtig weich ist.

2. Aubergine und Paprika herausnehmen, mit einem feuchten Küchentuch abdecken und etwa 15 Min. abkühlen lassen. Die Chili putzen, waschen und fein schneiden. Mit einem spitzen Messer die Haut der Paprika entfernen, ebenso Stiel und Kerne. Die Aubergine längs halbieren und das Fruchtfleisch mit einem Löffel ausschaben. Paprika und Aubergine klein hacken. Paprika, Aubergine und Chili mit Öl, wenig Salz und Pfeffer mischen. Der Dip passt zu rohen Gemüse-Sticks.

ROTE-BETE-DIP

500 g Rote Beten
unbehandeltes Salz
4 EL Gemüsebrühe (S. 14)
2 EL Sonnenblumenkerne
1/2 Stange Kren
150 g Joghurt
Pfeffer aus der Mühle

Für 4 Personen
Zubereitungszeit: 20 Min. + 45 Min. Garen

1. Die Rote Beten gründlich waschen (S. 107) und in reichlich Salzwasser in etwa 45 Min. weich kochen. Das Wasser abgießen und die Rote Beten schälen (Achtung, färben ab!). In Stücke schneiden und mit der Gemüsebrühe pürieren.

2. Die Sonnenblumenkerne in einer Pfanne ohne Fett goldbraun rösten, dabei ständig wenden. Den Kren schälen und fein reiben. Nach Belieben weniger Kren verwenden, dann wird der Dip nicht ganz so scharf.

3. Die pürierten Rote Beten mit Sonnenblumenkernen, Kren und Joghurt mischen und mit Salz und Pfeffer würzen. Der Rote-Bete-Dip schmeckt zu rohen Gemüse-Sticks.

VEGETARISCHE LASAGNE

1/2 Rezept Nudelteig (S. 148) oder
200 g vorgegarte Nudelplatten
unbehandeltes Salz
1/2 Bund Thymian
2 Zwiebeln, in Würfeln
2 EL Olivenöl
2 rote Spitzpaprikaschoten, in Würfeln
1 Zucchini, in Würfeln
3 Stangen Sellerie, in Würfeln
4 EL Paradeisersauce (S. 154)
2 Ochsenherzparadeiser, in Würfeln
1 Lorbeerblatt
Pfeffer aus der Mühle
2 EL Sauerrahmbutter
2 EL Mehl
350 ml Milch
Muskatnuss
150 g geriebener Parmesan
1 Kugel Mozzarella (125 g), in Würfeln
Mehl für die Arbeitsfläche

Für 4 Personen
Zubereitungszeit: 1 Std. + 55 Min. Backen

1. Den Nudelteig auf der bemehlten Arbeitsfläche mit dem Nudelholz ausrollen und passend zur Form, in der die Lasagne später gebacken wird, zuschneiden. In Salzwasser in etwa 3 Min. bissfest kochen. Mit einer Schaumkelle herausheben, in einem Sieb kalt abschrecken und abtropfen lassen (vorgegarte Nudelplatten einfach so verwenden).

2. Für die Gemüsesauce den Thymian waschen und trocken schütteln. Die Hälfte der Zwiebeln in einem Topf im Öl glasig dünsten. Paprika, Zucchini und Sellerie hinzufügen und mitdünsten. Die Paradeisersauce einrühren. Paradeiserwürfel, Thymianzweige und Lorbeerblatt dazugeben und das Gemüse in etwa 10 Min. bissfest garen. Mit Salz und Pfeffer würzen, dann Thymianzweige wieder entfernen.

3. Den Backofen 180 °C vorheizen. Für die Béchamelsauce die Butter in einem weiteren Topf erhitzen und die übrigen Zwiebeln darin glasig dünsten. Mit Mehl bestäuben, kurz mitschwitzen und mit der Milch aufgießen. Dabei mit einem Schneebesen gut rühren, damit sich keine Klümpchen bilden und die Sauce nicht anbrennt. Bei schwacher Hitze etwa 5 Min. köcheln lassen, dann mit Salz, Pfeffer und 1 Prise Muskat würzen.

4. In eine ofenfeste Form eine fingerdicke Schicht Gemüsesauce füllen und mit einer Schicht Nudelplatten abdecken. Die Nudeln gleichmäßig mit der Béchamel bedecken und mit etwas Parmesan bestreuen, danach wieder eine Schicht Gemüse darüberlegen. Die Form so abwechselnd einschichten und mit Béchamel und Parmesan abschließen. Zuletzt die Lasagne mit Mozzarella belegen und im heißen Ofen in etwa 55 Min. goldbraun backen. Dazu passt ein frischer grüner Salat.

ERDÄPFELPUFFER MIT APFELKOMPOTT

Für das Apfelkompott:

1 kg Äpfel zum Kochen (z. B. Jonagold, Boskop)
2 EL Zucker (nur bei sehr sauren Äpfeln)
2 Nelken
1 Zimtstange
100 ml Apfelsaft

Für die Erdäpfelpuffer:

800 g mehligkochende Erdäpfel
2 Eier
unbehandeltes Salz, Pfeffer aus der Mühle
Muskatnuss
Butterschmalz zum Braten

Für 4 Personen
Zubereitungszeit: 45 Min.

1. Für das Kompott die Äpfel schälen, das Kerngehäuse entfernen und die Äpfel in Stücke schneiden. Mit Zucker, Nelken, Zimtstange und Apfelsaft in einen Topf geben und darin in etwa 20 Min. weich kochen. Dabei gelegentlich umrühren. Anschließend die weichen Äpfel mit einem Erdäpfelstampfer nach Belieben grob oder fein zerdrücken.

2. Inzwischen für die Puffer die Erdäpfel schälen und waschen. Eine Hälfte der Erdäpfel grob raspeln, die andere Hälfte fein reiben und beides mischen. Die Erdäpfelmasse in ein Sieb geben und ausdrücken. Die Flüssigkeit auffangen und etwa 5 Min. stehen lassen, damit sich die Stärke absetzen kann. Dann die Flüssigkeit vorsichtig abgießen und die abgesetzte Stärke in der Schüssel zurückhalten. Die Erdäpfelraspel mit der Stärke, Eiern, Salz, Pfeffer und 1 Prise Muskat mischen.

3. Etwas Butterschmalz in einer Pfanne erhitzen. Mit einem Esslöffel aus der Erdäpfelmasse runde Puffer in die Pfanne setzen und von beiden Seiten in etwa 5 Min. goldbraun braten. Die Erdäpfelpuffer mit dem Apfelkompott servieren.

+ VARIANTE GEMÜSEPUFFER

400 g mehligkochende Erdäpfel schälen, waschen und nach Belieben grob raspeln oder fein reiben. **400 g Gemüse** (z. B. Karotten, Kürbis, Zucchini) putzen, waschen oder schälen und grob raspeln. **4 Zweige Thymian** waschen, trocken schütteln und die Blättchen abzupfen. Die Erdäpfel mit Gemüse, Thymian und **2 Eiern** mischen und mit unbehandeltem **Salz, Pfeffer** aus der Mühle und **1 Prise Muskatnuss** würzen. Wie oben beschrieben in heißem **Butterschmalz** zu Puffern braten. Dazu schmecken Minzejoghurt (S. 122) und ein bunter gemischter Salat.

ROTE-BETE-GRATIN

6 Rote Beten mit Grün (etwa 750 g)
1 Bund Dill
1 EL Butterschmalz
600 ml Gemüsebrühe (S. 14)
2 Eier
200 g Obers (Sahne)
unbehandeltes Salz, Pfeffer aus der Mühle
150 g geriebener Bergkäse
Sauerrahmbutter für die Form

Für 4 Personen
Zubereitungszeit: 45 Min. + 30 Min. Backen

1. Die Rote Beten gründlich waschen, schälen und würfeln. Die Stiele klein schneiden, die Blätter grob hacken und beiseitestellen. Dill waschen, trocken schütteln und fein hacken.

2. Den Backofen auf 200 °C vorheizen. Eine ofenfeste Form ausbuttern. Rote-Bete-Würfel und -Stiele im heißen Schmalz andünsten. Mit Brühe aufgießen und bei schwacher Hitze in etwa 15 Min. bissfest garen, dabei gelegentlich umrühren. Die Flüssigkeit sollte fast eingekocht sein. Dann etwas abkühlen lassen.

3. Eier mit Obers verquirlen und mit Rote-Bete-Blättern und Dill zu den gegarten Rote Beten geben. Alles salzen und pfeffern, in die Form füllen und mit Käse bestreuen. Im heißen Ofen in etwa 30 Min. goldbraun überbacken (im Bild).

SPARGELGRATIN

1 Bund weißer Spargel
1 Bund grüner Spargel
unbehandeltes Salz
150 g gekochter Schinken, in Streifen
2 Eier
200 g Obers (Sahne)
Pfeffer aus der Mühle
150 g geriebener Butterkäse
Sauerrahmbutter für die Form

Für 4 Personen
Zubereitungszeit: 50 Min. + 30 Min. Backen

1. Den weißen Spargel ganz, den grünen nur im unteren Drittel schälen. Die Stangen waschen und jeweils die holzigen Enden abschneiden. Eventuell die Stangen kleiner schneiden. Ausreichend Salzwasser aufkochen und den weißen Spargel darin bei schwacher Hitze etwa 25 Min. gar ziehen lassen, den Kochsud danach aufheben. Inzwischen nochmals Salzwasser aufkochen und den grünen Spargel darin in etwa 5 Min. bissfest blanchieren, abgießen und eiskalt abschrecken.

2. Den Backofen auf 200 °C vorheizen. Eine Auflaufform ausbuttern und Spargel und Schinken hineinsetzen. Eier mit Obers und 100 ml Kochsud vom weißen Spargel verquirlen, salzen und pfeffern und darübergießen. Mit Käse bestreut im heißen Ofen 30 Min. überbacken (ohne Abbildung).

GRATINIERTER FENCHEL

800 g Fenchel
250 g Kirschparadeiser
1/2 Bund Thymian
1 Zwiebel, in Ringen
1 EL Olivenöl
1 TL Fenchelsamen
unbehandeltes Salz, Pfeffer aus der Mühle
3 EL Sauerrahmbutter
5 EL Semmelbrösel

Für 4 Personen
Zubereitungszeit: 35 Min. + 20 Min. Backen

1. Den Backofen auf 200 °C vorheizen. Fenchel waschen, putzen und den Strunk entfernen, die Knollen in Spalten schneiden. Paradeiser waschen und halbieren. Thymian waschen, trocken schütteln und die Blättchen abzupfen.

2. Die Zwiebel im heißen Öl anbraten, Fenchelspalten und Fenchelsamen dazugeben und etwa 10 Min. mitbraten. Die Paradeiser untermischen und alles mit Salz und Pfeffer würzen. Das Gemüse in eine ofenfeste Form geben.

3. Die Butter in einem Topf aufschäumen, die Semmelbrösel dazugeben und kurz anrösten. Den Thymian hinzufügen und alles über dem Fenchel verteilen. Den Fenchel im heißen Ofen in etwa 20 Min. goldbraun überbacken (im Bild). Dazu passen Lammkoteletts (S. 70).

GRATINIERTE PASTINAKEN

800 g Pastinaken
2 Karotten
1 EL Butterschmalz
1 Zwiebel, in Ringen
250 ml Gemüsebrühe (S. 14)
unbehandeltes Salz, Pfeffer aus der Mühle
4 EL Mandelmus
1 EL mittelscharfer Senf
3 EL Sauerrahmbutter
5 EL Semmelbrösel
1 EL gelbe Senfkörner

Für 4 Personen
Zubereitungszeit: 40 Min. + 20 Min. Backen

1. Die Pastinaken und die Karotten putzen, schälen und in Scheiben schneiden. Das Butterschmalz in einem Topf erhitzen und die Zwiebel darin glasig dünsten. Das Gemüse dazugeben und mitdünsten. Mit Brühe aufgießen und alles bei schwacher Hitze in etwa 10 Min. bissfest garen. Dabei gelegentlich umrühren. Mit Salz und Pfeffer würzen.

2. Den Backofen auf 200 °C vorheizen. Den Topf vom Herd nehmen und Mandelmus und Senf unter das Gemüse mischen. Das Gemüse in eine ofenfeste Form geben.

3. Die Butter in einem Topf aufschäumen, Semmelbrösel und Senfkörner dazugeben und kurz anrösten. Die Bröselbutter über das Gemüse verteilen und alles im heißen Ofen in etwa 20 Min. goldbraun überbacken (ohne Abbildung).

In Ausbackteig frittieren

GEMÜSE-PAKORA MIT DIP

Für das Pakora:

800 g gemischtes Gemüse (z. B. Zucchini, Spitzpaprika, Karfiol, Champignons, Zwiebeln, Karotten)
unbehandeltes Salz, Pfeffer aus der Mühle
200 g Kichererbsenmehl
1 TL Paprikapulver edelsüß
1 TL gemahlene Kurkuma
1/2 TL Schwarzkümmelsamen
Sonnenblumenöl zum Frittieren

Für den Dip:

1/2 Gurke
Saft von 1/2 Zitrone
2 EL gehackte Minze
unbehandeltes Salz, Pfeffer aus der Mühle
1/2 TL gemahlener Kreuzkümmel
300 g Joghurt

Für 4 Personen
Zubereitungszeit: 45 Min.

1. Für das Pakora Zucchini, Paprika und Karfiol putzen und waschen. Die Champignons putzen, Zwiebeln und Karotten schälen. Zucchini und Karotten in Scheiben, Paprika in Spalten schneiden. Den Karfiol in Röschen teilen. Größere Champignons halbieren. Die Zwiebeln in Ringe schneiden. Das Gemüse mit Salz und Pfeffer würzen.

2. Das Kichererbsenmehl in einer Schüssel mit Paprikapulver, Kurkuma, Schwarzkümmel, Salz, Pfeffer und 200 ml kaltem Wasser zu einem zähflüssigen Teig verrühren.

3. Für den Dip die Gurke schälen (S. 37), in kleine Würfel schneiden und mit Zitronensaft, Minze, Salz, Pfeffer und Kreuzkümmel in den Joghurt rühren.

4. Das Öl in einem großen Topf zum Frittieren erhitzen. Das Gemüse portionsweise in den Kichererbsenteig tauchen, überschüssigen Teig abtropfen lassen und die Stücke im heißen Öl etwa 5 Min. frittieren. Auf Küchenpapier abtropfen lassen, warm halten und mit dem Joghurtdip servieren.

Tipp

Zum Frittieren eignen sich je nach Saison auch andere, möglichst nicht allzu wasserhaltige Gemüsesorten wie beispielsweise Spargel, Kürbis, Auberginen, Erdäpfel, Sellerie und mehr. Anstatt des indischen Kichererbsenteigs können Sie auch 200 g Mehl, Salz und Pfeffer mit 200 ml Milch, Bier oder Weißwein zu einem Ausbackteig verrühren.

Im Ofen schmoren

RATATOUILLE

1 Aubergine
2 Zucchini
je 1 rote und gelbe Paprikaschote
2 Ochsenherzparadeiser
1 Knolle Knoblauch
1/2 Bund Thymian
2 rote Zwiebeln, in groben Spalten
unbehandeltes Salz, Pfeffer aus der Mühle
Olivenöl zum Braten

Für 4 Personen
Zubereitungszeit: 35 Min. + 35 Min. Schmoren

1. Aubergine, Zucchini und Paprikaschoten putzen und waschen. Aubergine und Zucchini längs in Scheiben, die Paprika in Spalten schneiden. Die Paradeiser waschen, die Stielansätze entfernen und das Fruchtfleisch grob würfeln. Den Knoblauch waschen und einmal quer halbieren. Den Thymian waschen und trocken schütteln.

2. Den Backofen auf 180 °C vorheizen. Etwas Öl in einer Pfanne erhitzen und Aubergine, Zucchini, Paprika, Zwiebeln und Knoblauch darin nacheinander anbraten. Jeweils mit Salz und Pfeffer würzen und in eine Reine oder ofenfeste Form setzen. Die Paradeiser und den Thymian dazugeben, alles mischen und im heißen Ofen etwa 35 Min. schmoren, dabei gelegentlich umrühren (im Bild). Dazu passt Weißbrot.

CAPONATA

3 Auberginen
3 Ochsenherzparadeiser
1 Knolle Knoblauch
1/2 Bund Oregano
2 EL Kapern
3 rote Zwiebeln, in Spalten
unbehandeltes Salz, Pfeffer aus der Mühle
3 EL schwarze Oliven
3 EL Rotweinessig
2 EL gehackte glatte Petersilie
Olivenöl zum Braten

Für 4 Personen
Zubereitungszeit: 30 Min. + 35 Min. Schmoren

1. Die Auberginen putzen, waschen und in grobe Würfel schneiden. Die Paradeiser waschen, die Stielansätze entfernen und das Fruchtfleisch ebenfalls grob würfeln. Den Knoblauch waschen und einmal quer halbieren. Den Oregano waschen und trocken schütteln. Die Kapern abspülen.

2. Den Backofen auf 180 °C vorheizen. Etwas Öl in einer großen Pfanne erhitzen und Auberginen, Zwiebeln und Knoblauch darin portionsweise anbraten. Mit Salz und Pfeffer würzen und das gebratene Gemüse in eine Reine oder ofenfeste Form setzen. Dann Paradeiser, Oregano, Kapern und Oliven dazugeben, alles mischen und im heißen Ofen etwa 35 Min. schmoren, dabei gelegentlich umrühren. Zum Servieren die Caponata mit Essig abschmecken und mit Petersilie betreuen (ohne Abbildung). Dazu passt Weißbrot.

GEFÜLLTE ZUCCHINI MIT MINZEJOGHURT

Für die Zucchini:

150 g Hirse
unbehandeltes Salz
4 Zucchini
Pfeffer aus der Mühle
1 EL Olivenöl
1 Zwiebel, in Würfeln
1/2 Granatapfel
2 EL Pistazien
150 g Schafskäse
1 Ei
3 EL gehackte glatte Petersilie
1 TL gemahlener Kreuzkümmel
Saft von 1/2 Zitrone
Rapsöl für die Form

Für den Minzejoghurt:

1 etwa walnussgroßes Stück Ingwer
Saft von 1/2 Zitrone
2 EL gehackte Minze
unbehandeltes Salz, Pfeffer aus der Mühle
300 g Joghurt

Für 4 Personen
Zubereitungszeit: 30 Min. + 35 Min. Backen

1. Für die Zucchini die Hirse nach Packungsanweisung in Salzwasser etwa 5 Min. kochen, dann bei ausgeschalteter Herdplatte zugedeckt etwa 10 Min. ausquellen lassen.

2. Inzwischen den Backofen auf 180 °C vorheizen und eine ofenfeste Form mit Öl fetten. Die Zucchini putzen, waschen, längs halbieren und mit einem Teelöffel das Fruchtfleisch auskratzen, dabei einen etwa 1 cm breiten Rand stehen lassen. Die ausgehöhlten Zucchinihälften mit Salz und Pfeffer würzen und in die Form setzen. Das Zucchinifruchtfleisch grob hacken. Das Öl in einer Pfanne erhitzen und die Zwiebel darin glasig dünsten. Das Zucchinifruchtfleisch dazugeben, kurz mitdünsten und mit Salz und Pfeffer würzen.

3. Die Granatapfelhälfte in Stücke brechen und die Kerne herauslösen. Die Pistazien grob hacken, den Schafskäse zerbröckeln und das Ei verquirlen. Die Hirse mit Zucchinifruchtfleisch, Granatapfelkernen, Pistazien, Schafskäse, Ei und Petersilie mischen und mit Salz, Pfeffer, Kreuzkümmel und Zitronensaft würzen. Die Hirsemischung in die Zucchinihälften verteilen und die übrige Füllung rundherum mit in die Form geben. Die gefüllten Zucchini im heißen Ofen etwa 35 Min. backen.

4. Inzwischen für den Minzejoghurt den Ingwer schälen, fein schneiden und mit Zitronensaft, Minze, Salz und Pfeffer in den Joghurt rühren. Den Minzejoghurt zu den Zucchini und der Hirsefüllung servieren.

DAL AUS ROTEN LINSEN

1 Stück Ingwer (etwa walnussgroß)
1 rote Chilischote
1 Ochsenherzparadeiser
1 EL Butterschmalz
1 Zwiebel, in Würfeln
250 g rote Linsen
1 EL gemahlene Kurkuma
1 TL gemahlener Kreuzkümmel
1 l Gemüsebrühe (S. 14)
unbehandeltes Salz, Pfeffer aus der Mühle
1/2 Bund Koriander
300 g Joghurt

Für 4 Personen
Zubereitungszeit: 40 Min.

1. Den Ingwer schälen, die Chilischote putzen und waschen und beides sehr fein schneiden. Die Paradeiser waschen, den Stielansatz entfernen und das Fruchtfleisch würfeln.

2. In einem Topf das Butterschmalz erhitzen und die Zwiebel darin andünsten. Ingwer und Chili dazugeben und kurz mitdünsten. Linsen und Paradeiser hinzufügen und mit Kurkuma und Kreuzkümmel bestäuben. Mit der Brühe aufgießen, alles aufkochen und bei schwacher Hitze etwa 20 Min. garen, dabei gelegentlich umrühren. Mit Salz und Pfeffer würzen. Die Linsen sollen noch einen leichten Biss haben.

3. Inzwischen Koriander waschen, trocken schütteln und die Blätter abzupfen. Zum Servieren den Joghurt auf das Dal geben und mit Korianderblättchen bestreuen (im Bild vorne).

LINSEN-ERDÄPFEL-TASCHEN

200 g Mehl
1/2 TL Backpulver
unbehandeltes Salz
1 Eidotter
4 EL neutrales Öl (z. B. Distel- oder Sonnenblumenöl)
2 mehligkochende Erdäpfel
1/2 Rezept Dal aus roten Linsen (siehe oben)
1 Ei zum Bestreichen
Schwarzkümmel zum Bestreuen
Mehl für die Arbeitsfläche

Für etwa 24 Stück
Zubereitungszeit: 55 Min. + 20 Min. Backen

1. Mehl mit Backpulver und wenig Salz mischen. Eidotter und Öl dazugeben und alles zu einem mittelfesten Teig verkneten. In Frischhaltefolie gewickelt etwa 30 Min kühl stellen. Inzwischen Erdäpfel gründlich waschen und in Salzwasser etwa 20 Min. gar kochen. Abgießen, etwas abkühlen und pellen. Mit einer Gabel zerdrücken und mit dem Dal mischen.

2. Den Backofen auf 180 °C vorheizen. Ein Backblech mit Backpapier auslegen. Den Teig auf wenig Mehl etwa 3 mm dick ausrollen und in 8 x 8 cm große Quadrate schneiden. 1 TL Füllung auf jedes Quadrat setzen, die Ränder mit verquirltem Ei bestreichen und zu Dreiecken zusammenklappen, Ränder leicht andrücken. Die Taschen auf das Blech setzen, mit Ei bestreichen und mit Schwarzkümmel bestreuen. Im heißen Ofen etwa 20 Min. backen (im Bild hinten).

Grundtechniken

Umgang mit Getreide und Teigwaren

NUDELN KOCHEN

Wichtig für ein leckeres Nudelgericht ist das richtige Garen. Dafür braucht man erst mal einen großen Topf und reichlich Wasser (pro 100 g Nudeln etwa 1 l Wasser), das wenig gesalzen wird. Egal, ob frische, selbst gemachte oder getrocknete Nudeln – sie kommen in sprudelnd kochendes Wasser und werden so lange gekocht, bis sie gar, aber noch bissfest (»al dente«) sind, dabei ab und zu umrühren. Dann müssen sie sofort in ein Sieb abgegossen werden und sollen darin gut abtropfen. Anschließend nach Belieben in etwas Sauerrahmbutter oder Öl schwenken und mit einer feinen Sauce servieren.

REIS GAREN

Beim Reiskochen gibt es eine einfache Regel: Man nimmt immer doppelt so viel Flüssigkeit wie Reis. Erst den Reis in einer Tasse abmessen und in einen Topf geben, dann die doppelte Menge Wasser und wenig Salz hinzufügen. Den Topf zudecken und alles erhitzen. Sobald der Reis zu kochen beginnt, die Hitze stark herunterschalten und den Reis garen, bis das ganze Wasser aufgesogen ist. Die Reiskörner sollten gar sein, aber noch einen kleinen, etwas härteren Kern haben.

RISOTTO RÜHREN

Für Risotto nimmt man Rundkornreis wie zum Beispiel Arborio. Ein Risotto kann mit allen möglichen Gemüsesorten sowie mit Fleisch, Fisch oder Meeresfrüchten zubereitet werden. Klassisch und ganz einfach ist ein Gemüserisotto. Dazu 1 Zwiebel und 1 große geputzte Fenchelknolle klein schneiden und in etwas Olivenöl anbraten, 400 g Risottoreis dazugeben und unter Rühren kurz mitbraten. Mit Salz und Pfeffer würzen, mit 125 ml Weißwein ablöschen und rühren, rühren, rühren. Nach und nach bei mittlerer Hitze immer nur so viel heiße Gemüsebrühe unterrühren, bis der Reis die Flüssigkeit aufgesogen hat, dann wieder etwas dazugeben. So weitermachen, bis etwa 1 l Brühe verbraucht und der Reis gar ist. Das dauert 20–30 Min. Mit frisch geriebenem Parmesan servieren! Mein Tipp: So ein Risotto schmeckt auch sehr gut mit Schwammerl (S. 133)!

GRAUPEN KOCHEN

Aus Gerste und manchmal auch aus Weizen werden Graupen hergestellt. Dazu muss man die Körner aber von Spelzen und Schale befreien und anschließend polieren. So bekommen die runden Körnchen ihre helle Farbe. Die größeren Kochgraupen machen sich gut als Suppeneinlage oder können einfach wie ein Risotto (S. 133) zubereitet werden. Die kleinen Perlgraupen eignen sich vor allem für Desserts wie Rote Grütze (S. 173).

COUSCOUS ZUBEREITEN

Dieser sehr grobe Grieß aus Hartweizen ist ein Grundnahrungsmittel der orientalischen Küche. Man kann ihn vielfältig mit gedünstetem Gemüse, Garnelen oder gebratenem Fleisch kombinieren. Im Supermarkt gibt es bereits vorgegarten Couscous (Instant), der ist ganz schnell fertig! Für 4 Personen 250 ml Wasser oder Gemüsebrühe mit etwas Salz aufkochen, 250 g Couscous einrieseln lassen, umrühren und den Topf von der Herdplatte ziehen. Zugedeckt etwa 10 Min. quellen lassen ... und fertig! Mein Tipp: Bulgur ist ebenfalls ein Weizenprodukt, lässt sich schnell zubereiten und sorgt für Abwechslung auf dem Teller!

POLENTA KOCHEN

Dazu braucht man Maisgrieß (für 4 Personen etwa 300 g). Diesen lässt man unter ständigem Rühren mit einem Kochlöffel in einen Topf mit etwa 1 l kochendem Salzwasser einrieseln. Eventuell den Topf dabei zur Hälfte mit einem Küchentuch abdecken, weil es etwas spritzen kann. Bei schwacher Hitze die Masse etwa 10 Min. ausquellen lassen, dabei ständig rühren, damit nichts am Topfboden anbrennt. Die Polenta ist fertig, wenn die Grießmasse schön cremig ist und sich vom Topfboden löst. Mein Tipp: noch etwas gutes Olivenöl oder Sauerrahmbutter untermischen.

Weizenprodukte zubereiten

GEMÜSE-COUSCOUS MIT DIP

250 ml Gemüsebrühe (S. 14)
250 g Couscous
2 rote Spitzpaprikaschoten
250 g Kirschparadeiser
2 Bund Rucola
150 g Zuckerschoten
unbehandeltes Salz
3 EL Olivenöl
Saft von 1/2 Zitrone
Pfeffer aus der Mühle
1 TL gemahlener Kreuzkümmel
250 g Sojajoghurt
2 EL gehackte glatte Petersilie
2 EL gehackter Dill

Für 4 Personen
Zubereitungszeit: 35 Min.

1. Die Brühe in einem Topf aufkochen und vom Herd nehmen. Den Couscous dazugeben, unterrühren und zugedeckt etwa 10 Min. ausquellen lassen. Dann mit einer Gabel auflockern und abkühlen lassen.

2. Inzwischen Paprika putzen, waschen und klein würfeln. Die Paradeiser waschen und halbieren. Rucola waschen, trocken schütteln und grob schneiden. Zuckerschoten waschen, in Salzwasser in etwa 3 Min. bissfest blanchieren, abgießen und eiskalt abschrecken. Nach Belieben in kleine Stücke schneiden. Couscous mit Paprika, Paradeiser, Rucola, Zuckerschoten, Öl und Zitronensaft mischen und mit Salz, Pfeffer und Kreuzkümmel würzen. Für den Dip Joghurt mit Petersilie und Dill verrühren. Mit Salz und Pfeffer würzen und zum Gemüse-Couscous servieren (im Bild).

BULGUR MIT ZUCCHINI

1 Zwiebel, in Würfeln
250 g Bulgur
1 Lorbeerblatt
etwa 400 ml Gemüsebrühe (S. 14)
2 Ochsenherzparadeiser
2 Zucchini
1/2 Bund Thymian
unbehandeltes Salz, Pfeffer aus der Mühle
4 EL geriebener Parmesan
Olivenöl zum Braten

Für 4 Personen
Zubereitungszeit: 35 Min.

1. Die Zwiebel in einem Topf in 2 EL Öl glasig dünsten. Den Bulgur und das Lorbeerblatt dazugeben, kurz mitdünsten und mit 350 ml Brühe aufgießen. Alles aufkochen, den Bulgur umrühren und bei schwacher Hitze zugedeckt etwa 15 Min. gar ziehen lassen, dabei ab und zu umrühren. Falls der Bulgur zu trocken wird, noch etwas Brühe nachgießen.

2. Inzwischen die Paradeiser waschen, die Stielansätze entfernen und das Fruchtfleisch klein würfeln. Zucchini putzen, waschen und in Scheiben schneiden. Thymian waschen, trocken schütteln und die Blättchen abzupfen. Die Zucchini in einer großen Pfanne in etwas Öl anbraten, Paradeiser und Thymian dazugeben und alles mit Salz und Pfeffer würzen. Das Gemüse unter den fertigen Bulgur rühren und mit Parmesan bestreut servieren (ohne Abbildung).

ÜBERBACKENE POLENTA

150 g grüne und schwarze Oliven
100 g getrocknete Paradeiser
1/2 Bund Thymian
1/2 Bund Salbei
unbehandeltes Salz
2 EL Sauerrahmbutter
200 g Polenta (Maisgrieß)
Pfeffer aus der Mühle
200 g Schafskäse
Olivenöl zum Braten und für die Form

Für 4 Personen
Zubereitungszeit: 45 Min. + 30 Min. Ruhen + 20 Min. Backen

1. Die Oliven entkernen. Die Oliven und die getrockneten Paradeiser grob hacken. Thymian und Salbei waschen und trocken schütteln, vom Thymian die Blättchen abzupfen, den Salbei fein hacken.

2. Ein kleines tiefes Blech oder eine ofenfeste Form mit Öl einstreichen. In einem Topf 1 l Salzwasser mit der Butter aufkochen und die Polenta mit einem Schneebesen einrühren. Bei schwacher Hitze etwa 10 Min. ausquellen lassen, dabei ständig rühren, damit die Polenta nicht anbrennt. Zum Schluss Oliven, Paradeiser und Kräuter dazugeben und mit Salz und Pfeffer würzen. Die Polenta sofort auf das Blech geben, glatt streichen und in etwa 30 Min. fest werden lassen.

3. Den Backofen auf 180 °C vorheizen. Ein Backblech mit Backpapier auslegen. Die Polenta auf ein Brett stürzen und in acht Stücke (oder als Fingerfood in mehrere kleinere Stücke) schneiden. Polentastücke in einer Pfanne in wenig Öl von beiden Seiten etwa 5 Min. anbraten, auf das Blech setzen und den Schafskäse darüber bröckeln. Im heißen Ofen etwa 20 Min. überbacken. Dazu passt Paradeisersauce (S. 154).

+ VARIANTE PAPRIKAPOLENTA

1 gewürfelte Zwiebel in **1 EL Olivenöl** glasig dünsten. **2 klein gewürfelte Spitzpaprikaschoten** dazugeben und mitdünsten. **1 klein gewürfelten Ochsenherzparadeiser** und **1 EL Thymianblättchen** unterrühren. Mit unbehandeltem **Salz** und **Pfeffer** aus der Mühle würzen und beiseitestellen. **200 g Polenta** wie beschrieben zubereiten und statt der Oliven das Gemüse unterrühren. Die Scheiben in der Pfanne anbraten, nach Belieben mit **200 g zerbröckeltem Schafskäse** oder **150 g geriebenem Hartkäse** (z. B. Appenzeller) bestreuen und wie beschrieben im Ofen überbacken.

Risotto rühren

RISOTTO MIT EIERSCHWAMMERL

500 g Eierschwammerl
1 Zwiebel, in Würfeln
1 EL Butterschmalz
250 g Risottoreis
100 ml Weißwein
etwa 750 ml Gemüsebrühe (S. 14)
1 Lorbeerblatt
unbehandeltes Salz, Pfeffer aus der Mühle
2 EL Sauerrahmbutter
4 EL geriebener Parmesan
1 Beet Kresse
Olivenöl zum Braten

Für 4 Personen
Zubereitungszeit: 35 Min.

1. Die Eierschwammerl putzen, falls nötig, waschen und gut abtropfen lassen. Die Zwiebel im heißen Schmalz glasig dünsten. Den Reis dazugeben und mitbraten, bis er knistert. Mit Wein ablöschen und diesen vollständig einkochen lassen.

2. So viel Brühe angießen, dass der Reis gut bedeckt ist. Lorbeer hinzufügen und den Reis bei schwacher Hitze etwa 15 Min. garen. Dabei häufig umrühren und bei Bedarf Brühe nachgießen. Die Reiskörner sollen am Ende noch bissfest sein und das Risotto eine cremige Konsistenz haben.

3. Inzwischen die Eierschwammerl in etwas Öl anbraten, mit Salz und Pfeffer würzen und mit Butter und Parmesan in das fertige Risotto rühren. Die Kresse vom Beet schneiden und zum Servieren über das Risotto streuen (im Bild).

GRAUPEN MIT SCHWAMMERL

500 g gemischte Schwammerl (z. B. Steinpilze, Maronen, Eierschwammerl)
1 Zwiebel, in Würfeln
1 EL Butterschmalz
250 g Perlgraupen, 100 ml Weißwein
etwa 750 ml Gemüsebrühe (S. 14) zzgl. Brühe zum Nachgießen
1 Lorbeerblatt
unbehandeltes Salz, Pfeffer aus der Mühle
2 EL Sauerrahmbutter
4 EL geriebener Pecorino
2 EL gehackte glatte Petersilie
Olivenöl zum Braten

Für 4 Personen
Zubereitungszeit: 45 Min.

1. Die Schwammerl putzen. Die Eierschwammerl, falls nötig, waschen und gut abtropfen lassen. Die Zwiebel im heißen Schmalz glasig dünsten. Die Graupen dazugeben und etwa 3 Min. mitbraten. Mit Wein ablöschen und einkochen lassen.

2. Mit der Brühe aufgießen, Lorbeer hinzufügen und die Graupen bei schwacher Hitze etwa 30 Min. garen, dabei häufig umrühren. Die Graupen sollen am Ende nicht ganz trocken sein und eine cremige Risotto-Konsistenz bekommen. Bei Bedarf noch etwas Brühe nachgießen.

3. Inzwischen die Schwammerl in etwas Öl braten, mit Salz und Pfeffer würzen und mit Butter und Pecorino in das fertige Graupenrisotto einrühren. Nochmals abschmecken und zum Servieren mit Petersilie bestreuen (ohne Abbildung).

PERSISCHER KAROTTEN-PISTAZIEN-REIS

350 g Basmatireis
2 EL Rosinen
3 EL Berberitzen (oder Cranberrys)
500 g Karotten
3 EL Pistazien
unbehandeltes Salz
3 EL Butterschmalz
1 Zwiebel, in Würfeln
Pfeffer aus der Mühle
1 Prise Safran

Für 4 Personen
Zubereitungszeit: 35 Min. + 45 Min. Ausdampfen + 4 Std. Einweichen

1. Den Reis 4 Std. in reichlich kaltem Wasser einweichen. Währenddessen die Rosinen und Berberitzen in warmem Wasser etwa 30 Min. einweichen. Die Karotten schälen und in Würfel schneiden. Die Pistazien grob hacken.

2. Den Reis durch ein Sieb abgießen. In einem großen Topf reichlich Salzwasser aufkochen und den Reis darin 10 Min. kochen. Wieder durch ein Sieb abgießen und kalt abbrausen.

3. In einer Pfanne 1 EL Butterschmalz erhitzen und die Zwiebel darin abraten. Die Karotten dazugeben und etwa 5 Min. mitbraten. Mit Salz und Pfeffer würzen. Die Rosinen und die Berberitzen abgießen, mit den Pistazien zu den Karotten geben und das Gemüse beiseitestellen.

4. In einem großen Topf 100 ml Wasser, den Safran und das übrige Butterschmalz einmal aufkochen, dann die Hitze herunterschalten. Eine Hälfte vom Reis in den Topf füllen und mit den Karotten bedecken. Die zweite Hälfte Reis darüberschichten. Den Topf mit einem sauberen Küchentuch abdecken und den Deckel auflegen (das Tuch oben einschlagen, damit es nicht Feuer fängt!). Den Reis bei sehr schwacher Hitze 45 Min. ausdampfen lassen, dabei nicht umrühren. So bildet sich am Topfboden eine Safrankruste und der Reis bekommt ein feines Aroma.

5. Zum Servieren kaltes Wasser in das Spülbecken einlassen und den Reistopf darin kurz eintauchen. Dabei löst sich die Kruste. Den Reis auf eine Platte stürzen und nach Belieben durchmischen. Die Safrankruste in Stücke brechen und mit dem Reis anrichten. Dazu passen Lammkoteletts (S. 70).

Grundtechniken

Umgang mit Teigen

NUDELTEIG ZUBEREITEN

Frische Nudeln schmecken unübertrefflich. Und am besten schmecken sie aus selbst gemachtem Nudelteig. Für einen Nudelteig, der sich besonders gut für gefüllte Pasta wie Ravioli eignet, braucht man 300 g griffiges Weizenmehl (Type 550), 2 Eier, 2 Eidotter und 1 EL Öl. Das Mehl mit etwas Salz auf die Arbeitsfläche häufen, in die Mitte eine Mulde drücken und Eier, Eidotter und Öl hineingeben. Mit einer Gabel vorsichtig verrühren und immer ein bisschen mehr Mehl vom Rand mit einrühren, bis der Teig immer dickflüssiger wird. Dann mit den Händen weitermachen und kneten, kneten, kneten. Falls der Teig wirklich noch zu dick und zäh sein sollte, etwas Wasser dazugeben. So lange kneten, bis der Teig geschmeidig ist. Danach zu einer Kugel formen und zugedeckt 1 Std. kühl ruhen lassen. Dann kann man ihn auf wenig Mehl ausrollen und nach Belieben formen. Frische Pasta ist in kochendem Salzwasser in wenigen Minuten gar (S. 126).

GNOCCHI-TEIG ZUBEREITEN

Feine Gnocchi werden aus Erdäpfelteig gemacht. Für 4–6 Personen braucht man 750 g mehligkochende Erdäpfel, 4 EL Hartweizengrieß, 3 EL Erdäpfelmehl und 2 Eidotter. Zunächst die Erdäpfel in der Schale 20 Min. garen, ausdampfen lassen, pellen und zerdrücken, solange sie noch warm sind. Die zerdrückten Erdäpfel auf der Arbeitsfläche mit dem Grieß, dem Erdäpfelmehl und den Eidottern mischen und mit Salz, Pfeffer und 1 Prise Muskat würzen. Alles mit den Händen so lange verkneten, bis ein glatter Teig entstanden ist. Zu länglichen Teigsträngen rollen und kleine Stücke davon abschneiden. Diese kann man dann mit einer Gabel etwas eindrücken, sodass das typische Muster entsteht. Die Gnocchi in kochendem Salzwasser nur so lange garen, bis sie an die Oberfläche steigen. Dann mit einer Schaumkelle herausheben und sofort servieren.

EINFACHE ERDÄPFELKNÖDEL

Für selbst gemachte Erdäpfelknödel eignet sich am besten ein Teig, mit dessen Zubereitung man bereits am Vortag beginnt. Da sollten nämlich (für etwa 8 Knödel) etwa 1 kg mehligkochende Erdäpfel gewaschen und abgebürstet in Salzwasser bissfest gegart werden (das dauert 20–30 Min.). Die Erdäpfel pellen und über Nacht abkühlen lassen. Am nächsten Tag die Erdäpfel grob reiben, mit je 4 EL Mehl, Hartweizengrieß und Speisestärke, etwas Salz und 1 Ei verkneten und den Teig zu Knödeln formen. Die Erdäpfelknödel im heißen Wasser bei schwacher Hitze etwa 20 Min. garen, herausheben und servieren. Mein Tipp: Wenn man einmal viel Zeit hat, die Erdäpfelknödel »Halb und halb« (S. 143) zubereiten. Das ist die traditionelle Art der Herstellung!

GERMTEIG FÜR PIZZA

Pizza selbst gemacht ist ganz einfach und man braucht dazu nur ein Backblech und einen Germteig. Etwa 300 g Mehl wird in eine Schüssel geschüttet und mit etwas Salz und 4 EL Olivenöl verrührt. 1/2 Würfel frischen Germ (21 g) in eine kleine Schüssel krümeln und mit etwa 150 ml lauwarmem Wasser verrühren. Dann das Germwasser mit dem Mehl mischen und auf der Arbeitsfläche zu einem geschmeidigen Teig kneten. Den Teig zu einer Kugel formen und zurück in die Schüssel legen, ein Küchentuch darüberdecken und so lange warten, bis der Teig gewachsen ist (bis sich sein Volumen ungefähr verdoppelt hat – das dauert 30–45 Min.). Dann den Teig noch mal kurz durchkneten, das Blech fetten und den Teig darauf ausrollen. Jetzt kann man ihn belegen, zum Beispiel mit gehäuteten, gewürfelten Paradeisern (S. 107), gehacktem Knoblauch und etwas geriebenem Käse, würzen und ab in den Ofen (Mitte) für etwa 25 Min. bei 220 °C. Mein Tipp: Wer will, kann den Germteig auch mit einem Vorteig herstellen – dauert etwas länger, aber der Teig wird garantiert schön weich (S. 145).

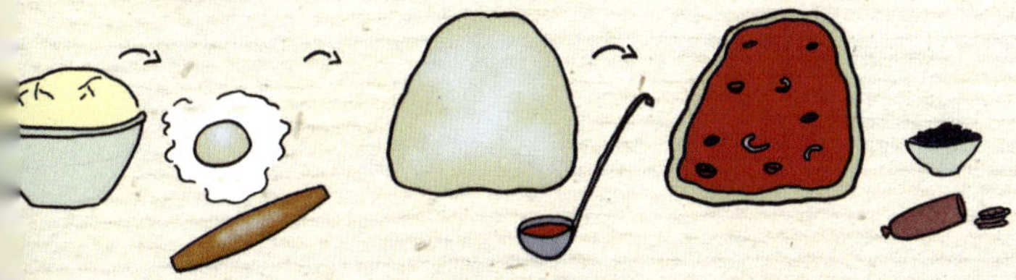

MÜRBETEIG FÜR QUICHE

Mürbeteig kann man süß für Kekse, Weihnachtsplätzchen oder als Kuchenboden zubereiten (S. 164) oder aber herzhaft für Tartes und Quiches. Für eine Springform von 28–30 cm Ø werden 200 g Mehl mit 1/2 TL Salz auf die Arbeitsfläche gegeben und mit 1 Eidotter gemischt. Dann schneidet man Würfel von 100 g eiskalter Sauerrahmbutter dazu und knetet den Teig mit den Fingern. Anfangs ist das eine krümelige Sache, dann aber lässt sich die Mischung immer besser kneten und wird weicher. Nach Bedarf ganz wenig Milch darüberträufeln oder noch etwas Mehl dazugeben. Dann weiterkneten, bis ein geschmeidiger Teig entstanden ist. Diesen zur Kugel formen und zugedeckt 30 Min. in den Kühlschrank legen. Danach kann man den Teig auf der bemehlten Arbeitsfläche in Größe der Backform ausrollen und in die gefettete Form legen. Nach Belieben den Boden blindbacken (S. 164). Mein Tipp: Gut schmeckt so eine Quiche auch mit Vollkornmehl (S. 139) – und liefert dazu noch viele gesunde Ballaststoffe!

Vollkornteig kneten

GEMÜSEQUICHE MIT SONNENBLUMENKERNEN

Für den Teig:

200 g Weizenvollkornmehl
unbehandeltes Salz
100 g eiskalte Sauerrahmbutter, in Würfeln
1 kg Hülsenfrüchte zum Blindbacken
Fett für die Form
Mehl für die Arbeitsfläche

Für den Belag:

1 kleine Stange Lauch
1 rote Paprikaschote
1/2 Brokkoli
2 Karotten
4 Thymianzweige
4 EL Sonnenblumenkerne
1 EL Sonnenblumenöl
unbehandeltes Salz, Pfeffer aus der Mühle
Muskatnuss
150 g geriebener Emmentaler
4 Eier
400 g Schmand

Für 1 Springform (etwa 26 cm Ø)
Zubereitungszeit: 50 Min. + 1 Std. Backen

1. Für den Teig das Vollkornmehl mit Salz, Butter und etwa 100 ml kaltem Wasser schnell zu einem festen Teig kneten. In Frischhaltefolie wickeln und 30 Min. kühl stellen.

2. Inzwischen den Backofen auf 180 °C vorheizen. Für den Belag Lauch, Paprika und Brokkoli putzen und waschen, Karotten schälen. Lauch in Ringe, Paprika in Streifen und Karotten in Scheiben schneiden, Brokkoli in Röschen teilen. Thymian waschen und trocken schütteln. Gemüse, Thymian und Kerne in Öl anbraten und mit Salz, Pfeffer und 1 Prise Muskat würzen. Abkühlen lassen, dann den Käse untermischen.

3. Den Teig etwa 5 mm dick ausrollen und die Form damit auslegen, dabei einen etwa 5 cm hohen Rand formen. Den Teig mit Backpapier bedecken, die Hülsenfrüchte einfüllen und den Teig im heißen Ofen etwa 15 Min. blindbacken. Aus dem Ofen nehmen und Hülsenfrüchte und Papier entfernen.

4. Die Eier mit Schmand verquirlen und mit Salz, Pfeffer und 1 Prise Muskat würzen. Gemüse-Käse-Mischung auf dem Teig verteilen und mit Eiermasse übergießen. Quiche im heißen Ofen etwa 45 Min. backen. Dazu passt bunter Salat.

+ VARIANTE LAUCH-SCHAFSKÄSE-QUICHE

Den Teig wie beschrieben zubereiten und blindbacken. Für den Belag **2 Stangen Lauch** putzen, waschen, in Ringe schneiden und in **1 EL Sonnenblumenöl** anbraten. Mit unbehandeltem **Salz, Pfeffer** aus der Mühle und **1 Prise Muskatnuss** würzen. **200 g zerbröckelten Schafskäse** dazugeben, auf dem Teig verteilen und mit der Eiermischung wie oben übergießen. Die Quiche etwa 45 Min. backen.
Übrigens: Vollkornteig hält länger satt! Und das ganze Korn hat noch alle guten Inhaltsstoffe.

GROSSE SAFRAN-GNOCCHI MIT SALBEIBLÄTTERN

750 g mehligkochende Erdäpfel
unbehandeltes Salz
1 Döschen Safranfäden
4 EL Hartweizengrieß
3 EL Erdäpfelmehl
2 Eidotter
Pfeffer aus der Mühle
Muskatnuss
1 Bund Salbei
1 EL Sauerrahmbutter
2 EL geriebener Parmesan
Hartweizengrieß für die Arbeitsfläche
Olivenöl zum Braten

Für 4 Personen
Zubereitungszeit: 50 Min.

1. Die Erdäpfel schälen, waschen und in grobe Stücke schneiden. In einem Topf knapp mit Salzwasser bedecken, den Safran dazugeben und die Erdäpfel etwa 20 Min. gar kochen. Das Wasser abgießen, die Erdäpfel ausdampfen und etwas abkühlen lassen.

2. Die Erdäpfel noch warm durch eine Erdäpfelpresse drücken und mit dem Grieß, dem Erdäpfelmehl und den Eidottern zügig zu einem mittelfesten Teig verkneten. Mit Salz, Pfeffer und 1 Prise Muskat würzen. Aus dem Erdäpfelteig auf der mit Grieß bestäubten Arbeitsfläche Rollen von etwa 4 cm Ø formen. Die Rollen in etwa 6 cm lange Stücke schneiden und diese mit den Händen zu großen Gnocchi formen.

3. Ausreichend Salzwasser in einem großen Topf aufkochen. Die Gnocchi einlegen und bei schwacher Hitze etwa 10 Min. gar ziehen lassen. Die Gnocchi mit einer Schaumkelle aus dem Wasser heben, gut abtropfen und abkühlen lassen.

4. Den Salbei waschen, gut trocken tupfen und die Blättchen abzupfen. Etwas Öl in einer großen Pfanne erhitzen und die Salbeiblättchen darin nebeneinander knusprig frittieren. Vorsichtig herausnehmen und beiseitestellen. Die abgekühlten Gnocchi in die Pfanne geben und darin in etwa 5 Min. goldbraun braten. Die Butter dazugeben und aufschäumen lassen. Die Gnocchi sofort mit den Salbeiblättchen und dem Parmesan anrichten.

ERDÄPFELKNÖDEL »HALB UND HALB«

900 g mehligkochende Erdäpfel
2 EL Erdäpfelmehl
unbehandeltes Salz
2 Scheiben Toastbrot
3 EL Sauerrahmbutter
2 EL Semmelbrösel

Für 4 Personen
Zubereitungszeit: 35 Min. + 40 Min. Garen

1. 300 g Erdäpfel waschen und in Wasser 20 Min. garen. Abgießen, abkühlen lassen, pellen und durch eine Erdäpfelpresse drücken. 600 g Erdäpfel inzwischen schälen und fein reiben.

2. Die geriebenen Erdäpfel in ein sauberes Küchentuch geben und auspressen, dabei das gesamte Wasser herausdrücken. Beide Erdäpfelmassen mit Erdäpfelmehl mischen und etwas salzen. Das Toastbrot in Würfel schneiden und in einer Pfanne in 1 EL Butter goldbraun braten.

3. Ausreichend Salzwasser in einem großen Topf aufkochen. Von der Knödelmasse mit angefeuchteten Händen einen Probeknödel formen und etwa 5 Min. sprudelnd kochen, dann bei schwacher Hitze etwa 15 Min. gar ziehen lassen. Falls sich der Knödel im Wasser auflöst, noch etwas Erdäpfelmehl dazugeben. Aus der Masse acht Knödel formen, dabei jeweils einige Toastwürfel in die Mitte geben und mit dem Teig gut umschließen. Wie beschrieben kochen.

4. Übrige Butter in einer Pfanne aufschäumen und die Semmelbrösel darin kurz anrösten. Knödel mit einer Schaumkelle herausheben und mit Bröselbutter anrichten (im Bild oben).

+ VARIANTE FLEISCHKNÖDEL

250 g gemischtes Faschiertes (S. 67) in **1 EL Olivenöl** in etwa 10 Min. krümelig braten. **1 gewürfelte Zwiebel** mitbraten, bis sie glasig ist. Mit unbehandeltem **Salz** und **Pfeffer** aus der Mühle würzen und **1 EL frische Majoranblättchen** dazugeben. Die Knödelmasse wie oben beschrieben vorbereiten. Die Knödel anstelle der Brotwürfel mit dem Faschierten füllen, Ränder gut verschließen und wie beschrieben kochen. Zum Servieren mit **2 EL Schnittlauchröllchen** bestreuen (im Bild unten).

FLAMMKUCHEN MIT SPECK UND ZWIEBELN

150 g Roggenvollkornmehl
150 g Mehl
unbehandeltes Salz
1/2 Würfel frischer Germ (etwa 21 g)
1 EL neutrales Öl (z. B. Raps- oder Sonnenblumenöl)
150 g durchwachsener Speck (am Stück, ohne Schwarte oder Knorpel)
1 EL Butterschmalz
3 Zwiebeln, in Ringen
200 g Schmand
1 Eidotter
Pfeffer aus der Mühle
Muskatnuss
1 TL Kümmel
Mehl für die Arbeitsfläche

Für 4 Stück
Zubereitungszeit: 45 Min. + 1 Std. 15 Min. Gehen + 20 Min. Backen

1. Beide Mehlsorten in einer Schüssel mit etwas Salz mischen, in die Mitte eine Mulde drücken und den Germ hineinbröckeln. 3 EL lauwarmes Wasser dazugeben, den Germ damit zu einer Paste anrühren und zugedeckt an einem warmen Ort etwa 15 Min. gehen lassen. Dann 200 ml lauwarmes Wasser mit dem Öl dazugeben und alles zu einem mittelfesten Germteig verkneten. Zugedeckt 1 Std. gehen lassen.

2. Inzwischen den Speck in kleine Würfel schneiden und im Schmalz anbraten, auf Küchenpapier abtropfen lassen. Die Zwiebelringe in der Pfanne goldbraun braten, beiseitestellen und abkühlen lassen. Den Schmand mit dem Eidotter verrühren und mit Salz, Pfeffer und 1 Prise Muskat würzen.

3. Den Backofen auf 200 °C vorheizen. Ein Backblech mit Backpapier auslegen. Den Teig auf wenig Mehl nochmals gut durchkneten. In vier Portionen teilen und jeweils zu einem sehr dünnen Fladen ausrollen. Die Fladen auf das Blech legen, mit Schmandmasse bestreichen und mit Zwiebeln und Speck belegen. Die Flammkuchen mit Kümmel bestreuen und im heißen Ofen etwa 20 Min. backen.

+ VARIANTE FLAMMKUCHEN MIT PETERSILIENPESTO

Aus **1 Bund glatter Petersilie, 1 TL abgeriebener Bio-Zitronenschale, 2 EL Walnüssen, 50 g geriebenem Pecorino, 3 EL Olivenöl** und **Pfeffer** aus der Mühle ein Pesto im Mixer zubereiten. Germteig und Schmandmasse wie oben beschrieben vorbereiten. Die Fladen mit Schmandmasse bestreichen und das Pesto in Klecksen daraufsetzen. Die Flammkuchen mit **2 EL gehackten Walnüssen** bestreuen und wie angegeben goldbraun backen.

Strudelteig selbst machen

GEMÜSESTRUDEL MIT HASELNÜSSEN

Für den Teig:

250 g griffiges Weizenmehl (Type 550)
unbehandeltes Salz
1 Ei
2 EL Sonnenblumenöl

Für die Füllung:

1 EL Butterschmalz
4 Karotten, in Würfeln
1 kleine Stange Lauch, in Ringen
1/2 Sellerieknolle, in Würfeln
4 EL gehackte Haselnüsse
unbehandeltes Salz, Pfeffer aus der Mühle
Muskatnuss
4 EL gehackte glatte Petersilie
200 g Schmand
3 EL flüssige Sauerrahmbutter
4 EL Semmelbrösel
1 Ei zum Bestreichen
Mehl für die Arbeitsfläche

Für 1 Strudel (etwa 12 Stücke)
Zubereitungszeit: 55 Min. + 45 Min. Backen

1. Für den Strudelteig das Mehl mit wenig Salz mischen. Das Ei, das Öl und etwa 150 ml lauwarmes Wasser dazugeben und alles zu einem mittelfesten Teig verkneten. Eine Schüssel mit warmem Wasser ausspülen und über den Teig stülpen. Bei Zimmertemperatur etwa 30 Min. ruhen lassen.

2. Inzwischen für die Füllung in einer großen Pfanne das Schmalz erhitzen. Gemüse und Nüsse darin etwa 10 Min. braten. Mit Salz, Pfeffer und 1 Prise Muskat würzen. Etwas abkühlen lassen, dann Petersilie und Schmand unterrühren.

3. Den Backofen auf 180 °C vorheizen. Ein Backblech mit Backpapier auslegen. Den Teig auf der bemehlten Arbeitsfläche rechteckig ausrollen. Ein Küchentuch ausbreiten, mit Mehl bestäuben und den Teig darauflegen. Nun mit den Händen den Teig vorsichtig weiter ausziehen. Er soll für den Strudel möglichst großflächig und transparent sein.

4. Den ausgezogenen Teig mit etwa der Hälfte der flüssigen Butter bestreichen und die Semmelbrösel darüberstreuen. Die Gemüsefüllung gleichmäßig auf dem Teig verteilen, dabei einen etwa 3 cm breiten Rand freilassen, damit die Füllung beim Zusammenrollen nicht herausgedrückt wird.

5. Das Tuch an einer Seite mit beiden Händen anheben und den Strudel locker aufrollen. Den Strudel mit Hilfe des Tuches auf das Backblech legen und die Enden nach unten einschlagen. Den Strudel mit der übrigen Butter bestreichen und im heißen Ofen in etwa 45 Min. goldbraun backen. Zum Servieren in Stücke schneiden. Dazu passt ein Joghurtdip (S. 118).

Grundrezepte

Nudelteig

300 g griffiges Weizenmehl (Type 550)
unbehandeltes Salz
2 Eier
2 Eidotter
1 EL neutrales Öl (z. B. Distel- oder Rapsöl)
Mehl für die Arbeitsfläche

Das Mehl mit wenig Salz mischen. Eier, Eidotter und Öl dazugeben und alles zu einem mittelfesten Teig verkneten (S. 136). Den Teig etwa 10 Min. gut durchkneten, damit er sich nach dem Ruhen gut ausrollen lässt. Den Teig zu einer Kugel formen und zugedeckt etwa 1 Std. kühl stellen.
Den Teig auf der bemehlten Arbeitsfläche 1–2 mm dick ausrollen und nach Belieben schneiden und formen. Für Bandnudeln die Teigplatten zusammenrollen und in Streifen schneiden. Für Schleifen 5 x 3 cm große Rechtecke schneiden und in der Mitte zusammendrücken. Für Lasagne große Platten zuschneiden (S. 110). Zum Füllen Quadrate oder Kreise vorbereiten (S. 150).

Kräuternudeln

1 Rezept Nudelteig (siehe oben)
4 EL gehackte Kräuter (z. B. glatte Petersilie, Kerbel, Dill, Schnittlauch, Bärlauch)
Mehl für die Arbeitsfläche

Den Teig wie oben beschrieben zubereiten und halbieren. Aus dem Teig auf der bemehlten Arbeitsfläche zwei dünne, gleich große Teigplatten ausrollen.
Zuerst eine Platte mit den Kräutern bestreuen, dann die zweite Platte darüberlegen. Nochmals über den doppelten Teig rollen, damit sich die beiden Platten verbinden und die Nudeln nicht zu dick werden. Die Kräuter schimmern durch den Teig, was den Nudeln ein sehr dekoratives Aussehen gibt.
Die Kräuternudeln in fingerbreite Streifen schneiden und in Salzwasser in wenigen Minuten bissfest kochen (S. 126).

Bunte Nudeln

1 Rezept Nudelteig (siehe oben)
2 EL Paradeisermark
50 g Spinat, blanchiert und püriert
1 EL gemahlender Mohn
Mehl zum Unterarbeiten und für die Arbeitsfläche

Den Teig wie oben beschrieben zubereiten und in drei Portionen teilen. Die erste Portion mit dem Paradeisermark, die zweite mit dem Spinatpüree und die dritte mit dem Mohn auf der bemehlten Arbeitsfläche verkneten. Dabei jeweils so viel Mehl unterarbeiten, dass drei mittelfeste Teige entstehen, die nicht an den Händen kleben bleiben.
Die Teigplatten auf wenig Mehl ausrollen und nach Belieben schneiden und formen. Wie beschrieben in reichlich Salzwasser in wenigen Minuten bissfest kochen (S. 126). Dazu passen am besten Saucen mit Paradeisern oder Obers (Sahne) (S. 154–156).

Weizen
Gries

SCHLUTZKRAPFEN MIT SPINAT

Für den Nudelteig:

100 g Roggenvollkornmehl
100 g Mehl
unbehandeltes Salz
2 Eier
1 EL Olivenöl
Mehl für die Arbeitsfläche

Für die Füllung:

1 kg Spinat
unbehandeltes Salz
1 EL Sauerrahmbutter
1 Zwiebel, in Würfeln
Pfeffer aus der Mühle
Muskatnuss
250 g Ricotta
1 Ei
2 EL Schnittlauchröllchen
Olivenöl zum Braten
Parmesan zum Bestreuen

Für 4 Personen
Zubereitungszeit: 1 Std.

1. Für den Teig aus beiden Mehlsorten, wenig Salz, Eiern, Öl und etwa 1 EL Wasser einen mittelfesten Nudelteig herstellen und etwa 30 Min. ruhen lassen (S. 148).

2. Inzwischen für die Füllung den Spinat putzen und waschen. In Salzwasser blanchieren, abgießen, eiskalt abschrecken und in einem Sieb abtropfen lassen. Danach mit den Händen gut ausdrücken, damit die Füllung nicht zu feucht wird und aus den Schlutzkrapfen herausläuft.

3. Die Butter in einem Topf erhitzen und die Zwiebel darin glasig dünsten. Den Spinat dazugeben, etwa 5 Min. mitdünsten und mit Salz, Pfeffer und 1 Prise Muskat würzen. Etwas abkühlen lassen, dann den Ricotta untermischen. Das Ei zum Bestreichen verquirlen.

4. Den Teig auf der bemehlten Arbeitsfläche etwa 1–2 mm dick ausrollen und Kreise (etwa 7 cm Ø) ausstechen. 1 TL Spinatfüllung auf jeden Kreis setzen und die Ränder mit dem verquirlten Ei bestreichen. Die Schlutzkrapfen halbmondförmig zusammenklappen und die Ränder leicht andrücken.

5. Ausreichend Salzwasser in einem großen Topf aufkochen und die Schlutzkrapfen darin bei schwacher Hitze etwa 5 Min. gar ziehen lassen. Etwas Öl in einer großen Pfanne erhitzen. Die Schlutzkrapfen mit einer Schaumkelle aus dem Wasser heben und sofort in der Pfanne nachbraten. Je nach Größe von Topf und Pfanne die Schlutzkrapfen in zwei Portionen zubereiten, damit sie nicht zusammenkleben. Zum Servieren den Schnittlauch und den Parmesan über die Schlutzkrapfen streuen.

Spätzle selbst machen

KÄSSPÄTZLE

250 g Dinkelmehl (Type 1050)
125 g Hartweizengrieß
unbehandeltes Salz, Pfeffer aus der Mühle
Muskatnuss
3 Eier
150 g geriebener Bergkäse
2 Zwiebeln, in Ringen
1 EL Sauerrahmbutter
2 EL Schnittlauchröllchen
Sauerrahmbutter für die Form

Für 4 Personen
Zubereitungszeit: 40 Min.

1. Den Backofen auf 180 °C vorheizen und eine ofenfeste Form mit Butter ausstreichen. Mehl, Grieß, wenig Salz, Pfeffer und 1 Prise Muskat in einer Schüssel mischen. Die Eier und 200–250 ml kaltes Wasser dazugeben und alle Zutaten mit den Händen oder den Knethaken des Handrührgeräts zu einem zähen Teig verrühren. Anschließend die Schüssel schräg halten und den Teig noch so lange gründlich durchschlagen, bis er Blasen wirft.

2. Inzwischen in einem großen Topf ausreichend Salzwasser aufkochen. Den Teig portionsweise durch eine Spätzlepresse oder einen Spätzlehobel ins Wasser geben. Die Spätzle jeweils aufwallen lassen, mit einer Schaumkelle herausnehmen und kurz abtropfen lassen. Abwechselnd mit dem Käse in die Form schichten und im heißen Ofen warm stellen.

3. Die Zwiebelringe in der Butter goldbraun braten und zum Servieren mit den Schnittlauchröllchen über die Käsespätzle streuen. Dazu passt ein grüner Salat.

+ VARIANTE BASILIKUMSPÄTZLE MIT SCHWAMMERL

In den Spätzleteig noch **4 EL gehacktes Basilikum** und **4 EL Paradeisermark** geben, dann die Spätzle wie oben beschrieben zubereiten. Anstelle der Röstzwiebeln **200 g Kräuterseitlinge** putzen, in Scheiben schneiden und in wenig **Olivenöl** anbraten. Mit unbehandeltem **Salz** und **Pfeffer** aus der Mühle würzen und auf die Spätzle geben.

Paradeiser-sauce …

1 kg Eierparadeiser
1 Knoblauchzehe
2 Zwiebeln, in Würfeln
unbehandeltes Salz, Pfeffer aus der Mühle
1 Bund Basilikum
Olivenöl zum Braten und Beträufeln

Die Paradeiser waschen, die Stielansätze entfernen und die Haut kreuzförmig einritzen. Kurz in kochendes Wasser geben, herausheben und kalt abschrecken. Die Haut abziehen und das Fruchtfleisch in kleine Stücke schneiden (S. 107). Den Knoblauch schälen und in Scheiben schneiden.
Die Zwiebeln und den Knoblauch in 2 EL Öl anbraten und die Paradeiser dazugeben. Alles aufkochen und bei schwacher Hitze etwa 30 Min. einkochen, dabei ab und zu umrühren. Die Sauce mit Salz und Pfeffer würzen. Das Basilikum waschen, trocken schütteln und grob schneiden. Zum Servieren das Basilikum in die Sauce geben und mit etwas Olivenöl beträufeln.

… mit Oliven und Kapern

1 Rezept Paradeisersauce (siehe oben) ohne Basilikum
1 rote Chilischote
4 eingelegte Sardellenfilets
2 EL Kapern
2 EL schwarze Oliven
2 EL gehackte glatte Petersilie

Die Zutaten für die Paradeisersauce wie oben beschrieben ohne das Basilikum vorbereiten. Die Chilischote putzen und waschen. Die Sardellen und die Kapern abspülen. Chilischote und Sardellen fein schneiden.
Die Paradeisersauce wie beschrieben kochen, dabei Chili und Sardellen mit den Paradeisern dazugeben und mitkochen lassen. Zum Servieren die Kapern und die Oliven dazugeben und in der Sauce kurz erhitzen. Die Sauce mit der Petersilie bestreuen und zum Servieren mit etwas Olivenöl beträufeln.

… mit Fleisch-bällchen

1 Rezept Paradeisersauce (siehe oben)
1 Rezept Faschierte Laiberl mit Sardellen (S. 81 Variante)

Die Paradeisersauce und die faschierten Laiberl wie in den jeweiligen Rezepten beschrieben zubereiten. Vor dem Servieren die Laiberl in der Paradeisersauce erhitzen und die Sauce zu frisch gekochten Nudeln reichen.
Faschierte Laiberl mit Paradeisersauce schmecken warm und kalt und sind auch ein schönes Gericht für ein Büfett.

Grundrezepte

Käse-Walnuss-Sauce

1 Bund Frühlingszwiebeln
2 EL Walnusskerne
200 g Gorgonzola
1 EL Sauerrahmbutter
100 ml Weißwein
200 g Schmand
unbehandeltes Salz, Pfeffer aus der Mühle

Die Frühlingszwiebeln waschen, putzen und in feine Ringe schneiden. Die Nüsse grob hacken. Den Gorgonzola in grobe Stücke teilen.
Die Butter in einem Topf erhitzen und die Frühlingszwiebeln darin andünsten. Mit dem Wein ablöschen und diesen vollständig einkochen lassen. Den Schmand dazugeben und alles unter Rühren aufkochen.
Den Gorgonzola und die Walnüsse in die Sauce einrühren. Zuletzt mit Salz und Pfeffer würzen. Die Gorgonzolasauce passt neben Nudeln auch zu Rinderlendensteaks (S. 70).

Lachsrahmsauce

1 Lachsforellenfilet (etwa 500 g, ohne Haut, küchenfertig)
unbehandeltes Salz, Pfeffer aus der Mühle
1 Bund Dill
1 EL Sauerrahmbutter
1 Zwiebel, in Würfeln
100 ml Weißwein
400 g Obers (Sahne)

Das Forellenfilet waschen, trocken tupfen und in mundgerechte Stücke schneiden, mit Salz und Pfeffer würzen. Den Dill waschen, trocken schütteln und fein hacken.
Die Butter in einem Topf erhitzen und die Zwiebel darin andünsten. Mit dem Wein ablöschen und diesen vollständig einkochen lassen. Den Obers zugießen und die Sauce etwa 5 Min. kochen lassen, bis sie etwas eingedickt ist. Anschließend mit Salz und Pfeffer würzen.
Die Forellenstücke in die Sauce geben und darin etwa 3 Min. gar ziehen lassen. Die Lachsrahmsauce passt zu breiten Nudeln.

Speck-Eier-Sauce

150 g durchwachsener Räucherspeck (am Stück, ohne Schwarte oder Knorpel)
4 Eidotter, 400 g Obers (Sahne)
unbehandeltes Salz, Pfeffer aus der Mühle, Muskatnuss
1 EL Butterschmalz
4 EL geriebener Parmesan

Den Speck in kleine Würfel schneiden. Die Eidotter mit dem Obers in einer Schüssel verquirlen und mit Salz, Pfeffer und 1 Prise Muskat würzen.
Das Butterschmalz in einem Topf erhitzen und den Speck darin knusprig braten. Das ausgetretene Fett abgießen. Die frisch gekochten Nudeln in den Topf dazugeben, die Eier-Obers-Mischung zugießen und unter Rühren erhitzen, bis die Sauce eindickt. Den Topf vom Herd nehmen und den Parmesan unter die Nudeln mischen. Sofort servieren.

Grundrezepte

Basilikum-Pesto

4 EL Pinienkerne
2 Bund Basilikum
1 Knoblauchzehe
4 EL geriebener Parmesan
unbehandeltes Salz
Pfeffer aus der Mühle
4 EL Olivenöl
Parmesan zum Bestreuen

Pinienkerne in einer Pfanne ohne Fett leicht rösten, dabei ständig wenden, dann abkühlen lassen. Basilikum waschen, trocken schütteln und die Blättchen abzupfen. Knoblauch schälen.
Pinienkerne, Basilikum, Knoblauch und Parmesan mit Salz und Pfeffer in einen Mixer geben. Zunächst 3 EL Öl dazugeben und alles cremig mixen. Falls das Pesto zu trocken ist, noch 1 EL Öl untermixen.
Die Nudeln kochen, abgießen und etwa 4 EL Kochwasser zurückbehalten. Die Nudeln zurück in den Topf geben und mit Pesto und Nudelkochwasser mischen. Zum Servieren nach Belieben mit Parmesan bestreuen.

Pesto mit Kürbiskernen

4 EL Kürbiskerne
2 Bund Rucola
4 EL geriebener Parmesan
4 EL Kürbiskernöl
unbehandeltes Salz, Pfeffer aus der Mühle
Parmesan zum Bestreuen

Die Kürbiskerne in einer Pfanne ohne Fett goldbraun rösten, dabei ständig wenden, dann abkühlen lassen. Den Rucola waschen und trocken schütteln.
Kürbiskerne, Rucola, Parmesan und 3 EL Kürbiskernöl in einen Mixer geben. Mit Salz und Pfeffer würzen. Alle Zutaten zu einem cremigem Pesto mixen. Falls das Pesto zu trocken ist, einfach noch 1 EL Öl untermixen.
Die Nudeln wie oben beschrieben kochen und mit dem Kürbiskern-Pesto servieren. Dieses Pesto schmeckt übrigens auch als Brotaufstrich köstlich.

Paradeiser-Oliven-Pesto

4 EL geschälte Mandeln
4 Thymianzweige
1 Knoblauchzehe
4 EL getrocknete Paradeiser
2 EL schwarze Oliven, entkernt
4 EL geriebener Pecorino
unbehandeltes Salz, Pfeffer aus der Mühle
4 EL Olivenöl

Mandeln in einer Pfanne ohne Fett goldbraun rösten, dabei ständig wenden, dann abkühlen lassen. Thymian waschen, trocken schütteln und die Blättchen abzupfen. Knoblauch schälen.
Mandeln, Thymian, Knoblauch, Paradeiser, Oliven und Pecorino in einen Mixer geben. Mit Salz und Pfeffer würzen. 3 EL Öl dazugeben und alles zu einem cremigem Pesto mixen. Falls das Pesto zu trocken ist, noch 1 EL Öl untermixen.
Die Nudeln wie oben beschrieben kochen und mit dem Paradeiser-Oliven-Pesto servieren. Dieses Pesto eignet sich auch als Füllung für Nudeln (S. 150).

Desserts und Kuchen

Grundtechniken

Kuchen und Süßes

BAISERMASSE HERSTELLEN

Das Einfachste überhaupt und so vielseitig: eine Baisermasse, auch Meringue genannt, nur aus Eiweiß und Zucker, eventuell mit etwas Speisestärke. Aus ihr können feine Schäumchen zum pur essen oder als Dekoration für Desserts und Kuchen gemacht werden. Wichtig: alle Küchenutensilien – Schüssel, Schneebesen, Quirle vom Handrührgerät oder Küchenmaschine – sollten absolut fettfrei und sauber sein. Das Eiklar mit 1 Prise Salz und möglichst feinem Zucker (damit er sich gut auflöst) steif schlagen, sodass der Eischnee schnittfest ist (S. 50). Speisestärke darübersieben und unterheben. Die Masse in einen Spritzbeutel füllen und auf ein mit Backpapier belegtes Backblech beliebige Formen spritzen. Dann bei schwacher Hitze (120 °C) etwa 3 Std. bräunen und fest werden lassen. Dabei die Backofentür einen Spaltbreit offen lassen (einen Kochlöffel dazwischenklemmen!), damit die Feuchtigkeit abziehen kann. Danach kann man die Meringues verzieren: mit flüssiger Schokolade, gemahlenen Nüssen oder Mandelsplittern.

MASSE FÜR EINE BISKUITROULADE

Es gibt verschiedene Biskuitmassen, Basis ist immer eine lockere, luftige Masse aus schaumigem Eidotter und steif geschlagenem Eiklar. Dieses Rezept ist speziell für die berühmte Biskuitrolle ideal. Dafür streicht man zunächst die Masse auf ein Backblech und backt sie kurz im Backofen. Danach kann man die Masse füllen und zur Roulade formen. Für den Biskuit erst einmal 8 Eidotter und 50 g Zucker in einer Schüssel mit den Schneebesen des Handrührgeräts schaumig schlagen. In einer anderen Schüssel mit den (gesäuberten!) Schneebesen des Handrührgeräts 4 Eiklar und 50 g Zucker zu steifem Schnee schlagen. Den Eischnee unter die Eidottermasse heben und 80 g Mehl und 20 g Speisestärke untermischen. Ein Backblech mit Backpapier auslegen und die Masse gleichmäßig darauf verstreichen. 10 Min. bei 220 °C in den vorgeheizten Ofen, fertig ist die Biskuitplatte.

BISKUITROULADE FORMEN

Die gebackene Biskuitplatte aus dem Ofen nehmen, auf ein feuchtes Küchentuch stürzen und kurz mit einem zweiten feuchten Tuch bedecken. Das zweite Tuch wieder entfernen und das Backpapier abziehen. Die Teigrolle sofort aufrollen, weil sie jetzt noch warm und formbar ist. Das geht ganz einfach, indem man das Küchentuch an der Längsseite anhebt und die Platte vorsichtig aufrollt. Komplett abkühlen lassen, zum Füllen dann wieder vorsichtig ausbreiten (Vorsicht, dass nichts bricht!). Die Biskuitplatte mit Marmelade, Creme oder Schlagobers bestreichen und wieder zur Roulade formen. Die Biskuitroulade mit Staubzucker bestreuen und in Scheiben schneiden. Köstlich!

MÜRBETEIG FÜR SÜSSES

Die Zubereitung von Mürbeteig für süße Kuchen, Tartes und Tarteletts ist zwar ähnlich wie beim Mürbeteig für Herzhaftes (S. 137), doch es kommt Zucker in den Teig. Für 1 Springform von etwa 28 cm Ø braucht man 200 g Mehl, 100 g eiskalte Sauerrahmbutter, 1 Prise Salz, 50 g Zucker und 1 Ei. Mehl, Zucker und Salz kommen auf die Arbeitsfläche, in die Mitte eine Mulde drücken, dann Butter in Flöckchen und das Ei hineingeben. Mit einer Gabel verrühren und immer ein bisschen mehr Teig vom Rand einarbeiten. Erst ist die Masse krümelig, dann mit den Händen zu einem geschmeidigen Teig kneten. In Frischhaltefolie wickeln und im Kühlschrank 30 Min. kühl stellen. Danach kann man den Teig ausrollen, in eine große Spring- oder Tarteform legen und nach Rezept füllen und backen.

MÜRBETEIG BLINDBACKEN

Damit ein Mürbeteigboden schön knusprig bleibt und beim Backen mit einem saftigen Belag nicht aufweicht, kann man ihn vorher blindbacken. Dazu die mit Teig ausgeschlagene Form mit Backpapier auslegen, mit Hülsenfrüchten beschweren und den Boden vorbacken.

GERMTEIG FÜR SÜSSES

Germteig selbst machen ist keine Kunst und er geht fast von alleine. Für süße Kuchen und auch viele süße Mehlspeisen benötigt man einen gesüßten Germteig. Dazu 500 g Mehl in eine Schüssel geben und in die Mitte eine Mulde drücken. 1/2 Würfel frischen Germ (21 g) in 250 ml lauwarmer Milch verrühren und auflösen, dann in die Mehlmulde gießen. Ein bisschen Mehl einrühren und diesen Germansatz an einem warmen Ort zugedeckt 15–20 Min. gehen lassen. Danach 56 g zerlassene Sauerrahmbutter, 40–60 g Zucker, 2 zimmerwarme Eier und 1 Prise Salz untermischen und das Ganze mit den Händen zu einem geschmeidigen Teig verkneten. Die Schüssel mit einem Küchentuch zudecken und warten, bis der Teig sein Volumen ungefähr verdoppelt hat. Das dauert 45–60 Min. Jetzt knetet man den Teig noch mal durch und verarbeitet ihn je nach Rezept zu leckeren Germknödeln, Kuchenboden oder sonstigem Germgebäck (S. 163).

Süßen Germteig füllen

GERMKNÖDEL MIT MOHNBUTTER

500 g Mehl
1/2 Würfel frischer Germ (21 g)
40 g Zucker
250 ml lauwarme Milch
150 g flüssige Sauerrahmbutter
2 zimmerwarme Eier
abgeriebene Schale von 1 Bio-Zitrone
unbehandeltes Salz
250 g Powidl
100 g gemahlener Mohn
Mehl für die Arbeitsfläche
Staubzucker zum Servieren

Für 4 Personen
Zubereitungszeit: 45 Min. + 1 Std. 15 Min. Gehen

1. Das Mehl in eine Schüssel geben und in die Mitte eine Mulde drücken. Germ mit 1 Prise Zucker in der Milch auflösen und zu einem Vorteig anrühren. In die Mehlmulde gießen und etwas Mehl einrühren. Mit einem Küchentuch abdecken und an einem warmen Ort etwa 15 Min. gehen lassen, bis sich das Volumen des Vorteigs etwa verdoppelt hat.

2. Restlichen Zucker, 3 EL flüssige Butter, Eier, Zitronenschale und 1 Prise Salz in die Schüssel geben und alles mit den Knethaken des Handrührgeräts zu einem mittelfesten Teig verkneten. Nochmals zugedeckt 1 Std. gehen lassen.

3. Den Teig auf der bemehlten Arbeitsfläche gut durchkneten. In acht Portionen teilen und daraus mit bemehlten Händen Knödel formen. Dabei je 1 TL Powidl in die Mitte geben und mit dem Teig rundherum gut verschließen.

4. In einem breiten Topf mit Siebeinsatz ausreichend Wasser aufkochen. Die Knödel auf das Sieb legen und zugedeckt im Dampf etwa 30 Min. garen. Inzwischen die übrige Butter in einer Pfanne aufschäumen und den Mohn einrühren. Die Knödel anrichten und die Mohnbutter darübergeben. Mit Staubzucker bestäubt servieren.

+ VARIANTE ROHRNUDELN

Wie oben beschrieben einen Germteig herstellen. Eine Reine gut ausbuttern. Aus dem Teig etwa zwölf Nudeln formen, füllen (nach Belieben mit Powidl, frischen Zwetschgen, Marillen oder Kirschen) und in die Reine setzen. **250 ml Milch** angießen und die Nudeln mit **flüssiger Sauerrahmbutter** bestreichen, damit sie eine schöne Kruste bekommen. Im heißen Backofen bei 180 °C etwa 45 Min. backen.

ZITRONENKUCHEN MIT BAISER

Für den Mürbeteig:

200 g Mehl
50 g Zucker
unbehandeltes Salz
100 g eiskalte Sauerrahmbutter
1 Ei
Fett für die Form
Mehl für die Arbeitsfläche
750 g Hülsenfrüchte zum Blindbacken

Für die Füllung:

Saft von 6 Zitronen
250–300 ml Orangensaft
abgeriebene Schale von 2 Bio-Zitronen
200 g Zucker
3 EL Speisestärke
4 Eidotter

Für die Baiserhaube:

4 Eiklar
unbehandeltes Salz
200 g feiner Zucker
1 EL Speisestärke

Für 1 Tarteform (etwa 28 cm Ø; 12 Stücke)
Zubereitungszeit: 50 Min. + 50 Min. Backen + 2,5 Std. Kühlen

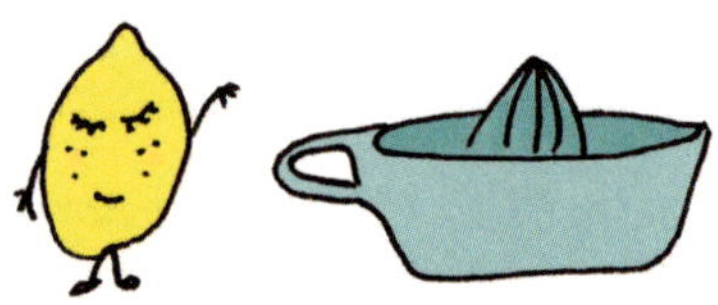

1. Für den Mürbeteig das Mehl mit Zucker und 1 Prise Salz mischen und auf die Arbeitsfläche häufen. Die Butter in Flöckchen und das Ei daraufsetzen und alles mit den Händen schnell zu einem festen Teig kneten (S. 161). In Frischhaltefolie wickeln und 30 Min. kühl stellen. Den Backofen auf 180 °C vorheizen und die Form einfetten.

2. Den Teig auf der bemehlten Arbeitsfläche etwa 5 mm dick ausrollen, die Form damit auslegen und einen etwa 3 cm hohen Rand formen. Teig mit Backpapier bedecken, Hülsenfrüchte einfüllen und den Teig im heißen Ofen etwa 25 Min. blindbacken. Aus dem Ofen nehmen und Hülsenfrüchte und Papier entfernen. Den Backofen eingeschaltet lassen.

3. Währenddessen für die Füllung den Zitronensaft mit dem Orangensaft auf 500 ml auffüllen, 4 EL davon abnehmen und beiseitestellen. Die Saftmischung mit Zitronenschale und Zucker aufkochen. Die Stärke mit den 4 EL abgenommenem Saft verrühren und in die kochende Flüssigkeit geben. Alles etwa 2 Min. unter Rühren kochen, dann vom Herd nehmen und die Eidotter nacheinander in die heiße Zitronenmischung rühren. Die Füllung auf den gebackenen Teigboden gießen und etwas abkühlen lassen.

4. Inzwischen für die Baiserhaube das Eiklar mit 1 Prise Salz zu festem, glänzenden Schnee schlagen, dabei am Ende den Zucker einrieseln lassen. Die Stärke darübersieben und ebenfalls unterheben. Die Masse auf der Zitronenfüllung verteilen und den Kuchen im heißen Ofen etwa 15 Min. backen, bis sich die Baiserspitzen hellbraun gefärbt haben. Dann die Hitze auf 75 °C herunterschalten und den Kuchen etwa 10 Min. nachtrocknen lassen, so wird die Baisermasse schön fest. Den Kuchen nach dem Backen abkühlen lassen und 2 Std. kühl stellen, damit er sich besser schneiden lässt.

ERDBEERTORTE

Für die Biskuitmasse:

100 g Mehl
100 g Speisestärke
1 TL Weinsteinbackpulver
6 Eier
unbehandeltes Salz
250 g Zucker
1 TL abgeriebene Bio-Zitronenschale
Öl und Mehl für die Form
Staubzucker zum Bestäuben

Für die Füllung:

500 g Erdbeeren
250 g Frischkäse
ausgekratztes Mark von 1 Vanillestange
2 EL Zucker
400 g Obers (Sahne), gut gekühlt
Saft von 1 Orange
1 Glas Erdbeerkonfitüre (etwa 250 g)

Für 1 Springform (etwa 26 cm Ø; 12–14 Stücke)
Zubereitungszeit: 45 Min. + 35 Min. Backen

1. Den Backofen auf 180 °C vorheizen. Die Springform mit Öl einstreichen und mit Mehl bestäuben. Für die Biskuitmasse Mehl mit Stärke und Backpulver mischen. Eier trennen und das Eiklar mit 1 Prise Salz steif schlagen (S. 50). Eidotter mit Zucker, Zitronenschale und 3 EL kaltem Wasser hell-cremig aufschlagen. Den Eischnee unter die Dottermasse heben, die Mehlmischung darübersieben und vorsichtig unterheben. Masse sofort in die Form füllen und im heißen Ofen etwa 35 Min. backen. Herausnehmen, abkühlen lassen.

2. Inzwischen für die Füllung die Erdbeeren putzen und waschen, ein Drittel ganz lassen, den Rest halbieren oder vierteln. Den Frischkäse mit Vanillemark und Zucker verrühren. Obers steif schlagen und unter den Frischkäse mischen.

3. Den Biskuit zwei Mal waagerecht halbieren, die Schnittflächen mit Orangensaft beträufeln und mit Konfitüre bestreichen. Ein Drittel des Schlagobers auf dem untersten Boden verteilen, ein Drittel der Erdbeerstücke daraufsetzen und den mittleren Boden auflegen. Wieder ein Drittel vom Obers und die übrigen Erdbeerstücke daraufgeben. Dann den Tortendeckel mit der Konfitürenseite nach unten aufsetzen. Zuletzt den restlichen Obers und die ganzen Erdbeeren auf der Torte verteilen und mit Staubzucker bestäuben.

+ VARIANTE SCHOKOLADENBISKUIT

Der Biskuit und die Fruchtfüllung lassen sich vielseitig variieren: Für einen dunkleren Biskuit noch **2 EL Kakaopulver** oder **3 EL gemahlene Mandeln** mit dem Mehl unter den Teig mischen. Wahlweise andere frische Früchte der Saison wie **Himbeeren oder Marillen** zum Füllen verwenden. Die Böden alternativ mit Himbeer- oder Marillenkonfitüre bestreichen und Himbeergeist, Marillenlikör und Weißwein (nicht für Kinder!) zum Beträufeln der Böden verwenden.

Grundtechniken

Desserts

SORBET HERSTELLEN

Für ein Sorbet kann man verschiedene Früchte nehmen: Melonen, Marillen, Pfirsiche … und das Beste ist, es geht auch ohne Eismaschine. Für ein Melonensorbet etwa 400 g Fruchtfleisch mit einem Stabmixer oder in der Küchenmaschine pürieren. Dann die abgeriebene Schale und Saft von 1 Bio-Zitrone, 3 EL Staubzucker und einige gehackte Minzeblättchen untermischen. Die Masse in eine Schüssel füllen und etwa 4 Std. im Gefriergerät tiefkühlen (geht natürlich auch in einer Eismaschine!). Danach die gefrorene Masse noch einmal kurz durchmixen, damit das Sorbet schön geschmeidig wird. Mein Tipp: Pfirsiche und Marillen am besten kurz dünsten, dann lassen sie sich besser pürieren (S. 179).

ZITRONENSCHALE ABREIBEN

Zitronenschale verfeinert viele Desserts und Kuchen und gibt ihnen einen frischen säuerlichen Geschmack. Wenn in einem Rezept etwas von »abgeriebener Zitronenschale« steht, unbedingt nur Bio-Zitronen dafür verwenden, denn dann sind sie garantiert unbehandelt und frei von Chemie. Die Zitrone zunächst heiß abwaschen und abtrocknen. Dann auf einer Zitronenreibe nur die äußere gelbe Schale ringsherum fein abreiben.

FRÜCHTE HÄUTEN

Wenn man aus reifen Steinfrüchten wie etwa aus Pfirsichen ein köstliches Sorbet zaubern möchte, sollte man sie vorher häuten. Dazu die Pfirsiche kurz in kochendes Wasser tauchen und wieder herausheben. Nun lässt sich die Haut mit einem spitzen Messer gut von den Pfirsichen abziehen.

FRÜCHTE PASSIEREN

Beispielsweise für Rote Grütze (S. 173 Tipp) oder für Sorbets aus Beerenobst müssen die Früchte vorher durch ein Sieb passiert werden, um feste Bestandteile aus der Fruchtmasse zu filtern. Dazu nimmt man ein flaches feines Sieb, füllt die Früchte (zum Beispiel Himbeeren) hinein und zerdrückt sie mit einem Löffel, sodass nur die weichen Teile durch das Sieb gedrückt (gestrichen) werden. Dann hat man ein weiches Mus, ideal für Fruchtsaucen, Sorbets oder eine cremige Rote Grütze.

OBERS SCHLAGEN

Die Basis überhaupt für viele Desserts ist ein richtig geschlagener Schlagobers. Dazu flüssigen, gut gekühlten Obers (Sahne) in eine Schüssel oder einen hohen Rührbecher geben, nach Belieben mit Zucker süßen und mit den Schneebesen des Handrührgeräts auf kleiner Stufe schlagen. Dabei kreisförmige Bewegungen mit den Schneebesen machen, so wird der Obers gleichmäßiger. Den Obers so lange schlagen, bis er steif ist. Aber Vorsicht: nicht »überschlagen«, denn dann ist er nicht mehr luftig und locker.

UMGANG MIT KUVERTÜRE

Kuvertüre ist eine Schokoladen-Grundmasse, ideal für die Zubereitung einer Mousse. Denn Kuvertüre enthält wenig Fett, dafür aber viel Kakaomasse, die für ein »schokoladiges« Aroma sorgt. Man kann Kuvertüre in jedem Supermarkt kaufen. Als Alternative eignet sich auch eine Tafel Zartbitter-Schokolade mit hohem (mindestens 70 %) Kakaoanteil. Die Kuvertüre oder Schokolade wird in grobe Stücke geteilt und dann über dem heißen Wasserbad erhitzt.

SCHOKOLADE SCHMELZEN

Schokolade oder Kuvertüre muss indirekt über einem heißen Wasserbad erhitzt und geschmolzen werden. Dazu einen kleineren Topf oder eine Metallschüssel in einen größeren Topf stellen, der zu einem Drittel mit Wasser gefüllt ist, sodass der kleinere Topf darauf »schwimmt«. Auf keinen Fall darf Wasser in den kleineren Topf gelangen. In diesen wird die Schokolade gebröckelt und unter ständigem Rühren mit einem Kochlöffel bei schwacher Hitze cremig geschmolzen. Fertig ist die Basis für eine köstliche Schokoladenmousse und andere feine Desserts. Mein Tipp: Man kann auch einfach Kekse in die Masse tunken, trocknen lassen und genießen!

Pudding selbst kochen

VANILLEPUDDING MIT HIMBEEREN

1 Vanillestange
500 ml Milch
unbehandeltes Salz
3 EL Reisstärke
2 EL Zucker
2 EL geschälte, gemahlene Mandeln
2 Eidotter
1 Rezept Himbeersauce (analog Erdbeersauce S. 176)
geröstete Mandelblättchen zum Bestreuen

Für 4 Personen
Zubereitungszeit: 20 Min. + 2 Std. Kühlen

1. Die Vanillestange längs aufschlitzen und das Mark mit einem scharfen Messer herauskratzen, die Stange entfernen. 4 EL Milch abnehmen und beiseitestellen. Die übrige Milch mit Vanillemark und 1 Prise Salz aufkochen. Die Stärke mit den 4 EL Milch verrühren und alles mit einem Schneebesen in die kochende Milch rühren. Den Pudding unter Rühren etwa 2 Min. kochen. Dann den Zucker und die Mandeln dazugeben, alles nochmals gut durchrühren und vom Herd nehmen.

2. Die Eidotter nacheinander in den heißen Pudding rühren. Den Pudding sofort in Förmchen oder Gläser füllen, abkühlen lassen, dann 2 Std. in den Kühlschrank stellen. Inzwischen die Himbeersauce zubereiten und zum Servieren mit Mandelblättchen über den Pudding geben (im Bild rechts).

SCHOKOPUDDING MIT SCHLAGOBERS

1 Vanillestange
500 ml Milch
unbehandeltes Salz
50 g Zartbitter-Schokolade
2 EL Reisstärke
2 EL Zucker
2 Eidotter
200 g Obers (Sahne)
Schokoladenraspel zum Bestreuen

Für 4 Personen
Zubereitungszeit: 15 Min. + 2 Std. Kühlen

1. Die Vanillestange längs aufschlitzen und das Mark mit einem scharfen Messer herauskratzen, die Stange entfernen. 4 EL Milch abnehmen und beiseitestellen. Die übrige Milch mit Vanillemark und 1 Prise Salz aufkochen. Die Schokolade in Stücke brechen und in der heißen Milch schmelzen. Die Stärke mit den 4 EL Milch verrühren und alles mit einem Schneebesen in die kochende Milch rühren. Den Pudding unter Rühren etwa 2 Min. kochen. Dann den Zucker dazugeben, alles nochmals gut durchrühren und vom Herd nehmen.

2. Die Eidotter nacheinander in den heißen Pudding rühren und diesen sofort in Gläser füllen. Den Pudding abkühlen lassen, dann 2 Std. in den Kühlschrank stellen. Obers steif schlagen, mit Pudding und Schokoraspeln servieren (im Bild links).

ROTE GRÜTZE

200 g Himbeeren
200 g Brombeeren
200 g Ribisel
200 g Sauerkirschen
750 ml Rotwein (ersatzweise Cranberrysaft)
3 EL Zucker
1 Zimtstange
1 Stück Bio-Zitronenschale (etwa 3 cm)
4–5 EL Sago
1/2 Vanillestange
200 g Obers (Sahne)
1 EL Staubzucker

Für 4–6 Personen
Zubereitungszeit: 40 Min. + 2 Std. Kühlen

1. Die Himbeeren und die Brombeeren verlesen, aber möglichst nicht waschen. Die Ribisel in stehendem Wasser waschen, abtropfen lassen und von den Rispen zupfen. Die Kirschen waschen, entstielen und entkernen.

2. Inzwischen den Wein mit Zucker, Zimtstange, Zitronenschale und Sago in einem Topf aufkochen, dabei häufig umrühren. Die Mischung etwa 20 Min. kochen lassen, bis die Sago-Perlen weich und klar, aber nicht zerkocht sind und die Flüssigkeit eine dickflüssige Konsistenz hat. Dann die Beeren und Kirschen dazugeben und alles einmal kurz aufkochen. Die Rote Grütze vom Herd nehmen, abkühlen lassen und etwa 2 Std. kühl stellen.

3. Zum Servieren die Vanillestange längs aufschlitzen und das Mark mit einem scharfen Messer herauskratzen, die Stange entfernen. Den Obers halb steif schlagen und mit Vanillemark und Staubzucker mischen. Die Rote Grütze mit dem Vanilleschlagobers servieren. Dazu passt auch eine selbst gemachte Vanillesauce (S. 180).

+ VARIANTE GESTÜRZTE ROTE GRÜTZE

8–9 Blatt Gelatine in kaltem Wasser einweichen. **600 g gemischte rote Früchte** (z. B. Himbeeren, Brombeeren, Ribisel und Sauerkirschen) mit **500 ml Rotwein, 2 EL Zucker, 1 Zimtstange** und **1 Stück Bio-Zitronenschale** etwa 10 Min. kochen lassen, dann durch ein Sieb passieren (S. 168). Die Gelatine in die heiße Grütze rühren, in Portionsförmchen füllen und abkühlen lassen, dann 4 Std. kühl stellen. Dabei die Förmchen vor dem Einfüllen mit kaltem Wasser ausspülen, damit sich die Rote Grütze besser stürzen lässt. Zum Stürzen die Förmchen kurz in heißes Wasser tauchen und die Rote Grütze mit einem Messer vom Rand der Förmchen lösen. Vanilleschlagobers oder -sauce dazu reichen.

SCHOKOLADEN-KARAMELL-CREME

100 g Zartbitter-Schokolade
100 g Obers (Sahne)
50 g Sauerrahmbutter
1 Vanillestange
500 ml Milch
2 EL Zucker
4 Eier
heißes Wasser für die Reine
2 EL brauner Zucker zum Karamellisieren

Für 4–6 ofenfeste Förmchen (je etwa 200–250 ml Inhalt)
Zubereitungszeit: 25 Min. + 45–55 Min. Garen + 2 Std. Kühlen

1. Die Schokolade in kleine Stücke brechen. Den Obers mit der Butter in einem Topf aufkochen, vom Herd nehmen und die Schokolade einrühren. Damit die Schokoladencreme gelingt, muss die Schokolade in die heiße Flüssigkeit gegeben werden, auf keinen Fall umgekehrt. Die Creme in die Förmchen verteilen und abkühlen lassen.

2. Inzwischen den Backofen auf 150 °C vorheizen. Die Vanillestange längs aufschlitzen und das Mark mit einem scharfen Messer herauskratzen, die Stange entfernen. Die Milch mit Vanillemark und Zucker kurz aufkochen, vom Herd nehmen. Die Eier in einer Schüssel verquirlen. Die heiße Milch zuerst esslöffelweise und dann zügig in die Eier einrühren. Die Eier können so in der heißen Flüssigkeit nicht gerinnen.

3. Die Eiermilch vorsichtig auf die Schokoladencreme gießen. Die Förmchen in eine Reine stellen, in den heißen Ofen schieben und so hoch wie möglich heißes Wasser zugießen. Die Karamellcreme im heißen Ofen etwa 45 Min. stocken lassen. Falls die Vanillecreme in der Mitte noch flüssig sein sollte, noch 10 Min. länger im Ofen lassen und nochmals testen. Die Förmchen herausnehmen, abkühlen lassen und etwa 2 Std. kühl stellen.

4. Zum Servieren den braunen Zucker auf die Karamellcreme streuen und mit einem Bunsenbrenner oder unter dem heißen Backofengrill in wenigen Minuten knusprig karamellisieren. Die Schokoladen-Karamell-Creme nach Belieben mit einer Fruchtsauce (S. 176) servieren.

SCHOKOLADENMOUSSE MIT FRUCHTSAUCEN

Für die Mousse:

150 g Kuvertüre oder Zartbitter-Schokolade
200 g Obers (Sahne), gut gekühlt
3 sehr frische Eidotter
50 ml Espresso

Für die Erdbeersauce:

250 g Erdbeeren
1 EL Staubzucker
1 EL Zitronensaft
2 cl Orangenlikör (nach Belieben)

Für die Pfirsichsauce:

2 Pfirsiche
1 EL Zucker
100 ml Weißwein (ersatzweise Orangensaft)

Für 4 Personen
Zubereitungszeit: 45 Min. + 1 Std. Kühlen

1. Für die Mousse die Kuvertüre in Stücke brechen und in einer Schüssel über dem heißen Wasserbad schmelzen (S. 169). Schüssel beiseitestellen. Obers steif schlagen, kühl stellen.

2. Die Eidotter und den Espresso in eine Metallschüssel geben und über dem heißen Wasserbad mit einem Schneebesen in etwa 3 Min. cremig schlagen. Die Schüssel sofort aus dem Dampf nehmen und die geschmolzene Schokolade in die Masse rühren. Den Obers unter die Schokomischung ziehen und die Schokoladenmousse mind. 1 Std. kühl stellen.

3. Währenddessen für die Erdbeersauce die Erdbeeren putzen, waschen und mit den übrigen Zutaten mit dem Stabmixer pürieren. Für die Pfirsichsauce die Pfirsiche etwa 3 Min. in kochendem Wasser blanchieren, herausnehmen, eiskalt abschrecken und die Haut abziehen (S. 168). Die Pfirsiche entkernen und in Stücke schneiden. Mit dem Zucker und dem Wein in etwa 10 Min. weich kochen, dann ebenfalls pürieren und abkühlen lassen.

4. Zum Servieren einen Esslöffel in heißes Wasser tauchen und aus der Schokoladenmousse damit Nocken abstechen. Mit den zwei Fruchtsaucen anrichten und nach Belieben mit frischen Minzeblättchen garnieren.

Tipp

Schokoladenmousse ist ein wunderbares klassisches Dessert, das jeder mag. Sie ist schnell gemacht und lässt sich leicht variieren: Zum Aromatisieren eignen sich Chili, Kardamom, Zimt oder Kirschwasser. Dazu passen Fruchtsaucen und Kompott aus dem Obst der Saison. Tiefgekühlt verwandelt sich die Mousse in ein cremiges Schokoladeneis.

ZITRONEN-GRANITA

4 Bio-Zitronen
250 g Zucker
4 cl Limoncello (nach Belieben)
Minze zum Verzieren

Für 4 Personen
Zubereitungszeit: 20 Min. + 20 Min. Kühlen + 4 Std. Tiefkühlen

1. Zuerst 1 Zitrone heiß waschen, abtrocknen und die Schale mit einem Sparschäler dünn abschälen. Alle 4 Zitronen auspressen. 500 ml Wasser mit Zitronenschale und Zucker aufkochen und etwa 5 Min. kochen lassen. Vom Herd nehmen, Zitronensaft und nach Belieben Limoncello hinzufügen und durch ein feines Sieb gießen. Dann 20 Min. abkühlen lassen.

2. Die Mischung in eine Metallschüssel gießen und etwa 4 Std. gefrieren lassen, dabei ab und zu mit einem Schneebesen durchrühren. Die Gläser zum Servieren am besten auch in das Tiefkühlfach stellen, dann schmilzt die Granita beim Anrichten nicht so schnell.

3. Zum Servieren die Granita mit einem Löffel aus der Schüssel schaben und in die gekühlten Gläser füllen. Mit der Minze verzieren und sofort servieren (im Bild).

MARILLENSORBET

750 g Marillen
150 g Zucker
Saft von 1 Zitrone
4 cl Marillenlikör (nach Belieben)

Für 4 Personen
Zubereitungszeit: 20 Min. + 20 Min. Kühlen + 4 Std. Tiefkühlen

1. Die Marillen waschen, entsteinen und mit Zucker und 150 ml Wasser aufkochen. Etwa 5 Min. kochen, vom Herd nehmen und Zitronensaft und nach Belieben den Marillenlikör hinzufügen. Alles mit dem Stabmixer pürieren und 20 Min. abkühlen lassen.

2. Das Marillenpüree in eine Eismaschine geben oder wie die Granita etwa 4 Std. gefrieren lassen. Für eine cremige Konsistenz mit einem Schneebesen alle 15 Min. durchrühren.

3. Zum Servieren einen Esslöffel in heißes Wasser tauchen, Nocken aus dem Sorbet abstechen und in gekühlte Gläser füllen (oder einfach einen Eisportionierer benutzen). Das Marillensorbet sofort servieren (ohne Abbildung).

Grundrezepte

Vanillesauce

500 ml Milch
ausgekratztes Mark von 1 Vanillestange
6 Eidotter
2 EL Zucker

Milch mit Vanillemark aufkochen. Eidotter mit Zucker in einer Schüssel verrühren. Die heiße Milch zuerst in einem dünnen Strahl, danach zügiger unter die Dottermischung schlagen. Eiermilch bei schwacher Hitze köcheln, dabei mit einem Holzlöffel am Boden rühren und die Vanillesauce langsam eindicken. Die Sauce ist fertig, wenn sie »zur Rose abgezogen« werden kann. Dazu den Holzlöffel aus der Sauce heben und leicht daraufpusten, es soll eine Art »Rose« entstehen. Die Vanillesauce sofort durch ein feines Sieb passieren (S. 168). Sonst die Probe nach etwa 1 Min. wiederholen. Passt zu Rohrnudeln (S. 163 Variante).

Karamellsauce

1/2 Vanillestange
150 g Zucker
Saft von 1/2 Zitrone
2 EL Sauerrahmbutter
400 g Obers (Sahne)

Die Vanillestange längs aufschlitzen und das Mark mit einem scharfen Messer herauskratzen, die Stange entfernen.
Den Zucker in einem Topf vorsichtig schmelzen und hellbraun karamellisieren lassen. Dabei nicht umrühren, damit der Zucker keine Klumpen bildet. Den Karamell mit Zitronensaft ablöschen.
Butter, Obers und Vanillemark dazugeben und die Sauce unter Rühren etwa 5 Min. kochen lassen. Warm oder kalt servieren. Die Karamellsauce schmeckt zu Schokoladenpudding (S. 171).

Schokoladensauce

1/2 Vanillestange
300 g Zartbitter-Schokolade
300 ml Milch

Die Vanillestange längs aufschlitzen und das Mark mit einem scharfen Messer herauskratzen, die Stange entfernen. Die Schokolade grob zerkleinern.
Die Milch in einem Topf mit dem Vanillemark einmal aufkochen, anschließend den Topf vom Herd ziehen. Die Schokoladenstücke in die heiße Milch geben und darin gründlich verrühren, bis sie vollständig geschmolzen sind.
Die Schokoladensauce warm oder kalt servieren, sie passt gut zu Vanillepudding (S. 171).

REGISTER

Rezepte nach Kapiteln

SUPPEN UND EINTÖPFE

SALATE UND VORSPEISEN

HAUPTGERICHTE MIT FLEISCH

HAUPTGERICHTE MIT GEFLÜGEL

HAUPTGERICHTE MIT FISCH UND MUSCHELN

HAUPTGERICHTE MIT GEMÜSE

HAUPTGERICHTE MIT GETREIDE

HAUPTGERICHTE MIT TEIG

HAUPTGERICHTE MIT NUDELN

DESSERTS UND KUCHEN

Rezepte nach Alphabet

A

B

C

D

E

F

G

H

J

K

Grundtechniken nach Alphabet

HINWEISE

Die Backzeiten können je nach Herd variieren. Die Temperaturangaben in den Rezepten beziehen sich auf das Backen im Elektroherd mit Ober- und Unterhitze und können bei Gasherden oder Backen mit Umluft abweichen. Details entnehmen Sie bitte der Gebrauchsanleitung des Herds.
Soweit nicht anders angegeben ist mit »Mehl« immer das haushaltsübliche Weizenmehl (Type 405) gemeint.

KÜCHENDOLMETSCHER ÖSTERREICHISCH-DEUTSCH

Österreichisch	Deutsch
Eidotter	Eigelb
Eierschwammerl	Pfifferlinge
Eiklar	Eiweiß
Erdäpfel	Kartoffeln
Faschierte Laiberl	Frikadellen, Bouletten
Faschiertes	Hackfleisch
Frittaten	in Streifen geschnittene Pfannkuchen als Suppeneinlage
Germ	Hefe
Karfiol	Blumenkohl
Karotte	Möhre
Knödel	Klöße
Kren	Meerrettich
Laiberl	Laibchen, Pflanzerl
Marillen	Aprikosen
Nockerl	Klößchen

Österreichisch	Deutsch
Obers	Sahne
Paradeiser	Tomaten
Ribisel	Johannisbeeren
Sauerrahm	saure Sahne
Semmeln	Brötchen
Staubzucker	Puderzucker
Topfen	Quark
Vogerlsalat	Feldsalat
Powidl	Zwetschgenmus

Kochen kann jeder

Mit der App zum Buch spielend leicht genussvoll kochen.

Mit tollen Features

- Über 60 einfache Rezepte mit Fotos und abwechslungsreichen Varianten
- Zahlreiche Videoanleitungen mit Sarah Wiener für die wichtigsten Grundtechniken beim Kochen
- Individuelle Rezeptsuche nach Zubereitungsart »unter 30 Min« und »über 30 Min« und Kategorien wie »Fisch und Fleisch«, »Vegetarisch« oder »Süß«
- Tipps und Tricks der Meisterköchin, eine intelligente Einkaufsliste sowie eine integrierte Küchenuhr

praktische Videoanleitungen

intelligente Einkaufsliste für Unterwegs

Rezeptliste mit Miniaturansicht

IMPRESSUM

Die Autorin
Sarah Wiener, eine der bekanntesten Köchinnen Deutschlands und Österreichs

ISBN: 978-3-8338-3615-2

Projektleitung:
Claudia Bruckmann

Konzept und Koordination:
Cornelia Philipp, Berlin

Texte: Julia Skowronek, Claudia Bruckmann

Lektorat:
Kathrin Gritschneder, Deggendorf

Korrektorat:
Petra Bachmann, München

Foodfotografie:
Brigitte Sporrer, München

Foodstyling:
Julia Skowronek, München

People-Fotografie und Coverfoto:
Christian Kaufmann, München

Illustrationen:
Artur Wiener, Hamburg

Umschlaggestaltung und Innenlayout: Sabine Krohberger, ki 36 Editorial Design, München

Herstellung:
Markus Plötz

Satz: Christopher Hammond

Reproduktion: Repro Ludwig, Zell am See

Druck und Bindung:
Firmengruppe APPL, Wemding

Wir danken folgenden Firmen für ihre Unterstützung bei der Fotoproduktion:

Manufaktur Pott (Sarah Wiener-Messerserie), Solingen

RIESS KELOmat GmbH (Edition Sarah Wiener), Ybbsitz, Österreich

Wiener Brot (Sarah Wiener-Holzofenbäckerei), Berlin

1. Auflage 2013

www.graefeundunzer-verlag.de

GRÄFE UND UNZER

Ein Unternehmen der
GANSKE VERLAGSGRUPPE